部下に「困ったら何でも言ってね」はNGです

若手社員は「肯定」と「言語化」で自ら動き出す

伊藤誠一郎

日本実業出版社

はじめに

最近の若手社員に対して、あなたが思うこと、またはしていることとして、次のうちいくつ当てはまりますか？

□臆病で心配性な部下を「大丈夫！」と勇気づけている
□「困ったときは何でも言ってね」と言っている
□若手社員が成果をあげたとき、「素晴らしい！」と大きな声でほめている
□若手と仲良くなるために「趣味の話」から入っている
□日頃から「どうすれば若手社員に火がつくか」と考えている
□最近の若手は「自分から動こうとしない」と思っている
□「一人前に成長するには厳しさが必要だ」と思っている

これらは、いずれも古い考え方や接し方です。

最近の若手社員には合わないどころではなく、むしろ「やってはいけない」真逆のアプローチと言えます。


「最近の若手社員のことがよくわからない」

「最近の若手社員にどう接すればいいのかわからない」


これらは、私が若手社員向けの研修講師の仕事で、あらゆる業種の企業にうかがった際に上司や先輩から耳にする言葉です。

言葉の主は40代から50代くらいのいわゆる氷河期世代と呼ばれる管理職が中心で、最近は30代の中堅社員にまで広がってきました。

具体的に「若手社員の何がわからないのですか?」と尋ねてみると、次のような声が。


「あまり反応がないので何を考えているのかわからない」

「『わかりました！　大丈夫です！』と言うわりに指示したことができていない」

「そのあたりについて話をしようにも休憩時間になるとずっとスマホを見続けている」

「それでいて定時になると、さっさと帰ってしまい、やはり話ができない」

「だからと言ってパワハラになるので強く言うこともできない」


上司や先輩がこのように言う一方で、若手社員の3人に1人が3年以内に会社を辞めてしまう（厚生労働省・2021年調べ）という早期離職の問題も存在しています。

主な理由としては、肉体的や精神的なつらさ、人間関係の悪さ、仕事へのやりがいや自信を持てなかったことなどが挙げられており、上司や先輩の苦労をよそに若手は若手で居づらさを感じているようです。


本書の目的は、**最近の若手社員のことを理解し、最終的には、若手社員と上司や先輩層との間にある溝を埋め、職場にとって貴重な若い力が伸びる環境をつくること**にあります。

まず、良いとか悪いとか、個人の主義や主張による議論ではなく、単に時代が変わったのだということを年長者がいかに自然に受け入れ、順応できるかがポイントとなります。

そこで、日常の職場における若手社員の傾向と対策をできるかぎり具体的に説明します。

私は研修講師として14年間活動しています。主なテーマとして、論理的な思考に基づいたプレゼンテーション力、提案力、コミュニケーション力の向上が原点となっています。そこから派生して、現在では職場の課題解決や業務効率化、人間関係構築、組織マネジメントまで幅広く対応しています。日々、新入社員から中堅社員、管理職まで多くのビジネスパーソンと向き合うことで現場の生の声に接してきました。

また、大学受験の総合型選抜入試（旧ＡＯ入試）専門の塾を10年間運営しています。具体的には、志望理由書や小論文の書き方、課題プレゼンテーションの作成と発表、ディスカッションや面接のマンツーマン指導を行っています。

これまでに多くの高校3年生と向き合ってきた経験から、若者の生活環境や価値観の変化に接してきました。そして、若者の変化を肯定的に理解し、最近の若者に合わせた指導をしてきた結果、大学の合格率は93％を達成しています。

近年は、「管理職向けの若手社員育成の研修講師」と「将来の社会人予備軍である大学入試の総合型選抜入試の指導」という両面から「若手」を定点観測している、いわば二刀流が私の強みです。

そして現在、若手社員育成専門コンサルタントとしての仕事を活動の中心に据えております。その内容は、いわゆるスローガン的な理想や理論ではありません。上司や先輩が若手社員にどのように対応していけば、彼らのやる気を引き出し、成果に結びつけられるのかという実践法です。

ぜひ1人でも多くの方に、「これまで」の今となっては「やってはいけない」対応に気づき、最近の若手社員を伸ばす「これから」の対応方法を身につけていただくことで、貴重な若い力を職場の大事な戦力として仕事の成果に結びつけていただきたいと思います。

上司や先輩と若手社員が一体となることで、持続可能な職場が1つでも多く増えることを願ってやみません。

部下に「困ったら何でも言ってね」はＮＧです　目次

第1章

上司が知っておくべき「若手社員のリアル」

第2章 若手部下への「やってはいけない」NG行動

第3章 若手社員は「肯定」と「言語化」で自ら動き出す

第4章 若手社員は一緒に並走しながら伸ばす

ブックデザイン 三森健太（JUNGLE）
イラスト 山本啓太
DTP 一企画
企画協力 天田幸宏

第1章

上司が知っておくべき「若手社員のリアル」

若手社員は「火がつかない」という前提でいること

若手に火をつけようとする上司たちの空回り

「最近の若手社員はどうしたら火がつくのか？」

これは管理職向けの研修で、上司たちから頻繁に耳にする言葉です。

ちなみに「火をつける」とは、外部から刺激を与え感情を高ぶらせ、やる気を爆発させるように促すということです。つまり、若手をある瞬間を境にして変身させたいのだけれど、上司たちは何がそのきっかけになるのかわからないと言っているのです。

まず、はっきり認識しておかなければならないのが、**最近の若手社員は不燃性**だということです。そもそも彼らに火はつきませんので、火をつけようという考え自体を変えることです。

とくに苦労や困難などで「外部から刺激を与える」というのは、最近の若手社員には良い影響を与えません。1人残らず若手全員に火がつかないというわけではありませんが、彼らのほとんどが苦労や困難といった刺激を自らが成長するために必要な壁、乗り越えるべき壁ととらえられないのが現実です。

若手にとっては、苦労はただの苦労、困難はただの困難であり、「できない」「わからない」「不安」「無理」という負の感情だけが頭の中に渦を巻いてしまい、精神的に疲弊の一途をたどっていきます。

むしろ若手は、上司が良かれと思って与えた「困難」を「できないことがわかって与えた試練」と受けとめたり、「自分は期待されていないのかもしれない」という疎外感や敗北感にまで勝手に広げてしまったりするケースもあります。

このことは、子どもに対する世の中の関わり方が大きく変化したことも影響しています。すでによく知られていることですが、今や親も先生も地域社会の大人たちも声を荒げて子どもを叱る場面をほとんど見かけなくなりました。

たとえ叱りつけることに正当性があったとしても、公共の場で声を荒げようものなら虐待を疑われてしまう時代です。若手社員は幼少期からそうした育てられ方をしてきたわけですから、外部からの刺激に対して耐性を持ち合わせていないのは当然と言えます。

したがって、彼らが社会人になったときにも、その延長線上にある受け入れ方をしなければなりません。

最近の若手は「そういうものだ」と受けとめる

ただし、最近の若手社員はやる気自体がないわけではないのです。

外部からの刺激に慣れていないために、やる気を表面に出すことに不得手なだけであり、内面では周囲の期待に応えたい、社会人として一人前になりたいという思いを静かに燃やしているのです。

したがって、火をつけようとする、すなわち、あるきっかけによって感情を高ぶらせよう、やる気をアップさせよう、変えさせようという発想自体を持たないようにするのが、

両者の意識はここまで違う！

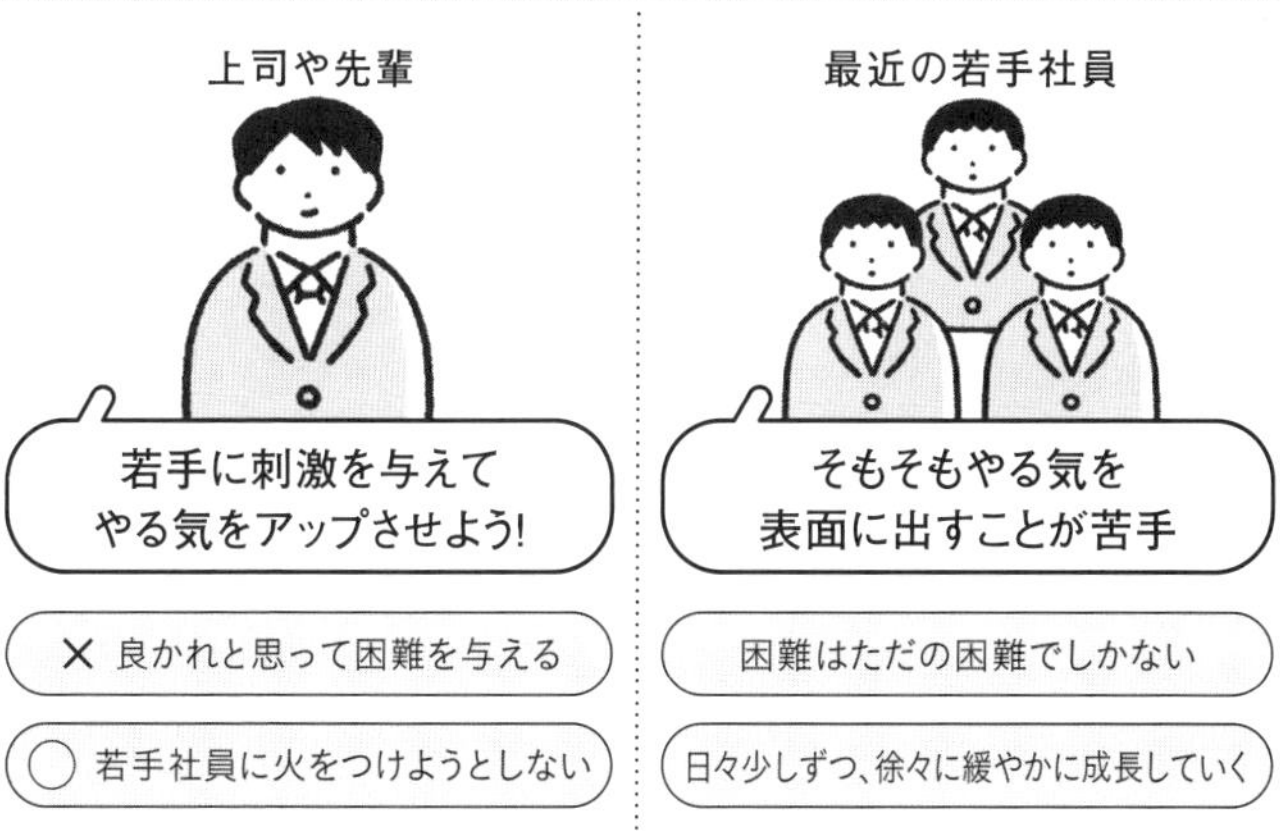
上司や先輩
最近の若手社員
若手に刺激を与えてやる気をアップさせよう!
そもそもやる気を表面に出すことが苦手
× 良かれと思って困難を与える
困難はただの困難でしかない
◯ 若手社員に火をつけようとしない
日々少しずつ、徐々に緩やかに成長していく

今の若手社員に対する現実的な対応方法であると言えます。

若手は日々少しずつ、徐々に、緩やかに成長していくものだと上司が考え方を変えることです。そして、温かい視線で見守ることで、最近の若手社員は安心してやる気を成長へと昇華させていきます。

大事なことは「最近の若手はそういうものだ」と冷静に受け入れることです。

「火がつかない」「なかなか変わらない」といった否定的な感情を抱かないことが若手との友好な関係性づくりの第一歩となるのです。

今、上司でいる人は、かつては自分が上司

や先輩から火をつけられてきた経験があるので、最近の若手に対して、どこか物足りない、弱いといった思いを抱くかもしれません。

しかし、上司や先輩が若手社員は「火がつかない」という前提でいることは、諦めでも迎合でもありません。もちろん軟化でもありません。あくまでも「適応」なのです。

若手社員は不燃性、日々少しずつ緩やかに成長する姿を見守る

「最近の若手は自分から動かない」わけではない

最近の若手は「動かない」と、とらえるから見えてこない

「最近の若手は言われるまで何もしない」
「最近の若手は言われたことしかやらない」

日々の仕事のなかで、若手社員に対して、このような不満を持つことはありませんでしょうか。

これらは、企業の管理職の方々に「最近の若手社員をどのように感じていますか?」と、答えの範囲が広めの質問をしたときに最も多く聞かれる声です。

中には「言われたことしかやらない指示待ち人間」「自分からはまったく動かない」と、よりはっきりした言い方をする人もいます。

若手社員の立ち振る舞いに大きな不満を抱えている上司や先輩が多いことがわかります。

しかし、最近の若手は「自ら動かない」などとネガティブな感情を抱いているかぎり、彼らとの距離が縮まるはずがありません。一刻も早くこの状態を解消して若手社員と良好な関係性を築くためにも、彼らの真の姿を理解する必要があります。

若手社員は「動かない」のではありません。「動けない」のです。この視点に立つと、だいぶ受けとめ方が変わってくるはずです。

若手社員が「動けない」ことには、明確な理由があります。彼らが生まれた2000年前後からインターネットが急速に発達し、2010年以降はスマホが一気に普及しました。今や生活するうえでの情報の多くはスマホを使って検索します。

電車やバスの中でも今日のニュースをチェックしたり、仕事や趣味に関する調べ物をしたり、他人の日常をSNSで確認したりするなど、それらすべてでスマホを使って行います。そこには膨大な情報があり、検索すると答えが見つかるのです。

上司世代は大学生や社会人になるまでネットもスマホもないアナログ時代を経験してきた人も多いですが、最近の若手社員は異なる環境で育ってきたのです。

彼らは、相手の都合に気を揉みながら家の固定電話から連絡をしたり、時刻表や地図を手に旅行の行程を調べたり、1つの言葉の意味を調べるのに辞書を行ったり来たりした経験をせずに育ったのです。

こうした背景を踏まえると、単純に今の若手を「自分から動かない」と批判できるでしょうか。

まず若手に歩み寄ることで、見えてくること

まず、最近の若手社員は「自分から動けない」のだと受けとめること。

「自分から考えたり、動いたりする経験をしてこなかった」と思いを及ぼすと、若い世代が少々気の毒に思えてきます。そして、寄り添ってあげたい気持ちが湧き上がってきます。

両者の意識はここまで違う！

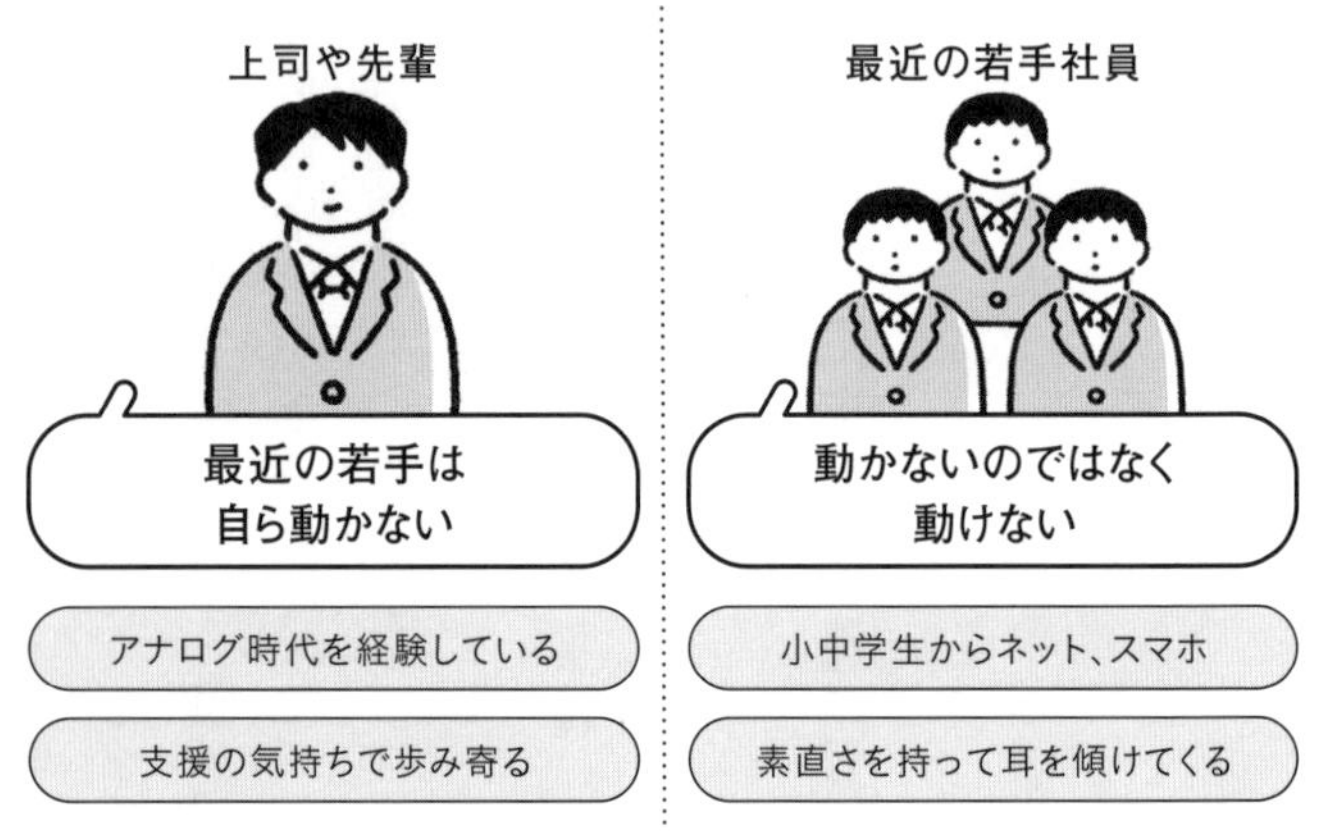
上司や先輩
最近の若手は
自ら動かない
アナログ時代を経験している
支援の気持ちで歩み寄る
最近の若手社員
動かないのではなく
動けない
小中学生からネット、スマホ
素直さを持って耳を傾けてくる

スマホの情報も有益で便利ではありますが、それだけに頼らずに自分の頭で考えること、自分の意志で動くことの必要性と大切さを教えようという意識も芽生えてきます。

こちらが支援する気持ちで歩み寄ると、素直さを持って耳を傾けてくるというのも今の若手社員の特徴です。

したがって、上司は「与えられた情報だけでは仕事で一人前になれないこと」「自分で周囲の状況や相手の感情を読み取って、言われなくとも行動する必要があること」それ自体から教えてあげるのです。

もし、若手に「それ（言われなくとも行動する必要があるとき）って具体的にどんなときですか？」と質問されたら、仕事で起こり得ることを1つひとつ教えてあげるのです。
そのうえで、若手の成長のタイミングを見て「自分から動く」という本来の意味が理解できたかどうかを確認していきます。そうすれば、指示出し上司と指示待ち部下の関係には陥りません。

時に、「そんなことまで教えないといけないのか」と上司や先輩は思うかもしれません。しかし、「最近の若手は自ら動かない」と不満を抱えたまま時間をすごすより、「そんなこと」から教えてしまったほうが早いのです。

ネット検索で育った世代には、「自分から動く必要性」そのものから教える

「不便がない時代」だから想像力が育たない

不透明な状況を「想像すること」で培われてきた力

「変化の時代」という言葉はさまざまなシーンで聞かれます。それに合わせて「人も適応しなければならない」「従来のやり方や古い体質から変わらなければならない」という声も耳にします。

ただし、「変わらなければならない」という言い方に対して、上司世代では過去と一緒に自分のアイデンティティまで否定されているように感じ、反発したくなる人たちも多いようです。

とくに「脱・昭和（の企業文化）」などという言葉を聞くと、その傾向はさらに強まります。

「過去がそんなに悪いことなのか?」「何でも変えればいいわけではない」という意見を聞くこともあります。もちろん昭和の企業文化をすべて否定しているわけではありませんし、過去にも良いことはたくさんありました。

その最も重要な要素が「不便があった」ことです。そして、その**不便によって「想像する力が養われた」**のです。

たとえば、昔は休日に友だちと遊ぶために待ち合わせをするとき、「日曜日の午前10時に、○○駅の南口を出たところに喫茶店があるからその前で」などと固定電話で約束をしたものです。

当日5分前に行ってみると、駅の南口はすぐにわかったものの喫茶店ではなく洋食屋があります。でも表のメニューには珈琲も紅茶もあって、喫茶店ではないと言い切れません。そんな不安を覚えつつ、とりあえず5分待ってみることにします。

しかし、約束の午前10時になっても友だちは現れません。

「あれ? どうしたんだろう? ……電車が遅れてる? ……まさか寝坊してないよ

ね？　もしかして自分が場所を間違えてる？　やっぱりこの店は洋食屋であって喫茶店じゃない？　そもそも今日の午前10時だよね？　……この駅で合ってるよね？」

このように次々に疑問が頭を駆け巡ったことは、上司世代のあるあるではないでしょうか。状況が簡単に把握できなかったぶん、想像するしかありませんでした。

ところが、今はまったく違います。

「あれ？　どうしたんだろう？　……電車が遅れてる？　……まさか寝坊してないよね？　この店で合ってるよね？　（スマホのＬＩＮＥで画像付き）そうそう合ってる」
「（ＬＩＮＥで）ごめん、電車に１本乗り遅れた……10時３分着、ちょっと待ってて」
「（ＬＩＮＥで）了解！」

たったこれだけで終わりです。しかもＬＩＮＥなどのメッセンジャーツールを使いますから、情報の行き違いもありませんし、相手に気軽に聞き直すことができてしまいます。

非常に手軽ではありますが、その反面これでは「想像力」は養われません。

相手の身に起こり得る選択肢を頭の中に並べることもなく、それと同時に自分の間違いを疑ってみることもしません。

今の若手社員は、こうしたコミュニケーションを日常的に繰り返しているわけですから、大人になって「想像する力」が乏しくても致し方ありません。

「イメージする」と言われても、どうすればいいかわからない

不便があった時代を知る上司世代は、若手にはそもそも想像力が欠けていることを意識してください。


「自分が見たり聞いたりしたことだけがすべてではない」

「相手のことや周囲の状況を想像することも必要である」

「それも含めて仕事である」

想像力の欠如は「なぜ？」のひと言で改善できる

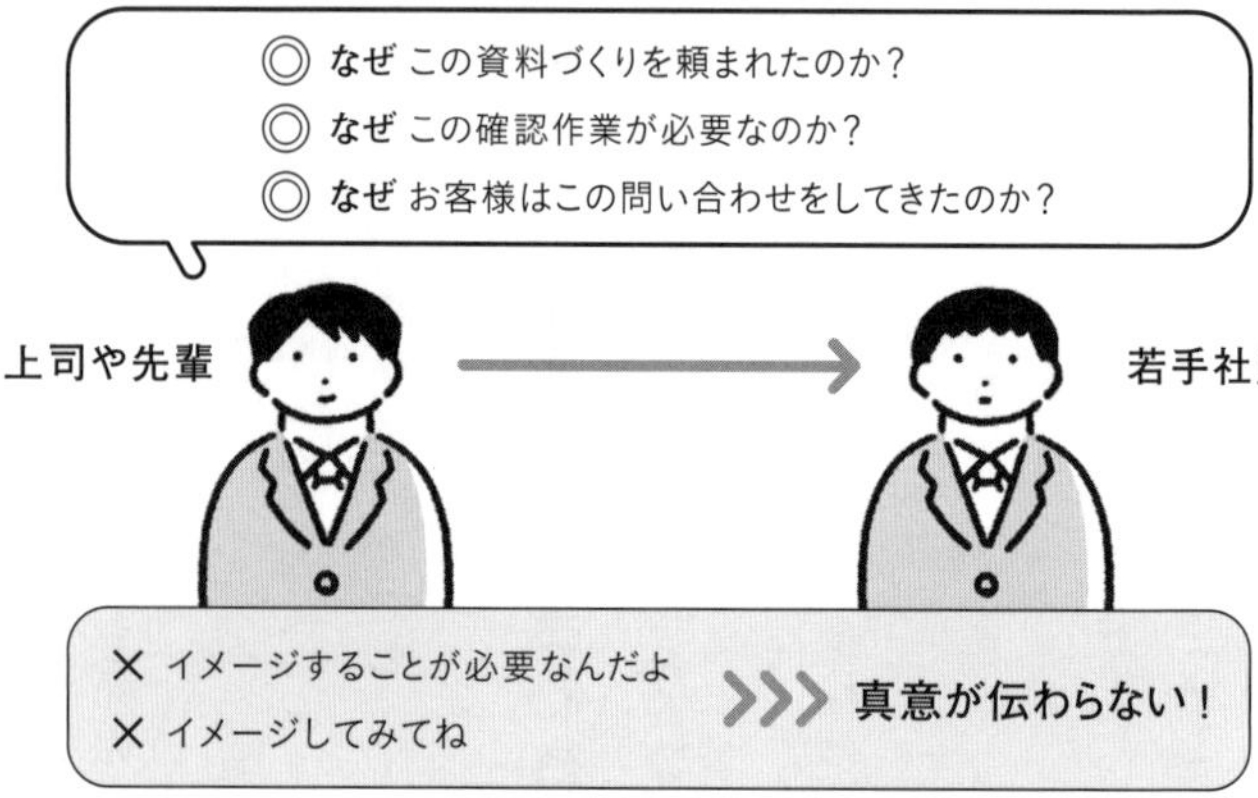
◎ なぜ この資料づくりを頼まれたのか？
◎ なぜ この確認作業が必要なのか？
◎ なぜ お客様はこの問い合わせをしてきたのか？
上司や先輩
若手社員
× イメージすることが必要なんだよ
× イメージしてみてね
真意が伝わらない！

これらを若手に1つひとつ教えてあげる必要があるのです。

また、そのときの教え方も「イメージすることが大事なんだよ」などという抽象的な言い方では、若手には真意が十分に伝わりません。

彼らは「イメージするってどういうことですか？」という漠然とした疑問を持つだけで終わってしまいます。

そこで、手はじめに「なぜ？」という言葉とともに、物事の理由や目的を考える習慣を身につけさせるのが効果的です。

「なぜ、君はこの資料づくりを頼まれたのか？」
「なぜ、この確認する業務が必要なのか？」
「なぜ、お客様はこの問い合わせをしてきたのか？」

といったように目の前の事象に対して、問いとともに1つひとつ掘り下げ明確にしていきます。

若手がこのように考える習慣が身につくまでには、それなりに時間を費やすことになるかもしれませんが、根気を持って粘り強く取り組んでください。

ここでも「そんなことから教えないといけないのか？」と思うかもしれませんが、上司が1つひとつ丁寧に教えたほうが状況は確実に前に進んでいきます。

若手社員に「想像する必要性」を教えることは、上司の重要な役割である

貢献や承認欲求に応える「助かってるよ」「役立ってるよ」と声かけが大事

「出世する欲」がない若手社員

年代や役職を問わず、仕事に前向きに取り組んで成長していくには、モチベーションを高め、維持していくことが不可欠です。そのためには、「承認欲求」が満たされることが大きく影響します。

40代、50代の上司世代だと、仕事で成果を出して1つでも上の役職へ出世する。その結果、より多くの収入を得ることで、日常の衣食住を豊かにしていくことがモチベーションの源泉になっているという人も少なくないでしょう。私も同世代ですので、少なからずそういう価値観を持っています。

ところが、今の若手社員の価値観はまったく異なっています。

まずお金については、多くの若者が「普通に生活するのに困らなければそれでいい」と言います。

彼らの言う「普通の生活」の定義についても、どんな家に住みたいのか、どんな食生活を送りたいのかなど日常生活の具体的なイメージを聞いても、若手から答えはほとんど返ってきません。

モノについては、今はサブスクの時代です。所有することへの欲はあまり持っておらず、使用できればそれでいいという価値観が広まっています。

車はカーシェアリングかレンタカーで済みますし、そもそも車に興味を持つ若者も少なくなりました。

出世に対する魅力も感じないようで、「大きな責任を負わされてまであわただしく日常を送るぐらいなら、そこそこの地位でマイペースにおだやかに暮らしたい」と言います。「そこそこの地位」というのも主任なのか、係長なのか、課長なのか具体的なイメージを持っていないことがほとんどです。

このように最近の若手社員は、じつにドライというか、将来への夢を明確に持ち合わせていない人が少なくありません。

だからか、最近の若手は何の脈絡もなく突然仕事を辞めてしまったりもするのです。

若手社員のモチベーションアップにつながる声かけ

では、いったい何が彼らのモチベーションアップにつながるのか。

私が新入社員や若手社員への研修で見るかぎり、**「貢献欲」が強い**ことを感じます。

たとえば、若手に「社会人としてどのようなビジョンを描いているか？」と問いかけると、「自分が仕事の知識やスキルを高めて成果を出すことで、会社からの期待に応えたい」「お客様から『ありがとう』という言葉をかけられたい」、そして「上司、先輩をはじめとする周囲の人に貢献したい」という言葉が出てきます。

若手から「トップの成績を収めたい」とか「人の上に立ちたい」といった個人的な成果や成功に関する言葉はまったくと言っていいほど聞かれません。

周囲を押しのけて上にいきたいという思いは持たない若手が多く、**組織の中の一員とし**

て自分の存在を認められたいという欲求を強く持っていることを感じます。

従来だと、若手を鼓舞しようとするとき、上司や先輩は何か大きな成果を出したことに対して「よくやった！」とか、以前とは見違えるような変化に対して「すごいじゃないか！」と言葉を投げかけます。もちろん悪いことではないのですが、最近の若手社員に向けては少し目線を変えると効果的です。

たとえば、大きな成果を出したことに対しては「助かってるよ」とか、見違えるような変化を遂げたことに対しては「役に立ってるよ」といった言葉をかけるのです。

また、「いつもありがとうね」と何気ない瞬間に軽く言葉をかけるのも、若手社員の貢献欲を満たすことにつながります。

しかし、この話をすると、部下に対して「ありがとう」という言葉をかけることに強い抵抗感を示す上司が少なくありません。

「なぜ部下にお客様のような扱いをしなくちゃいけないのか？」

両者の意識はここまで違う！

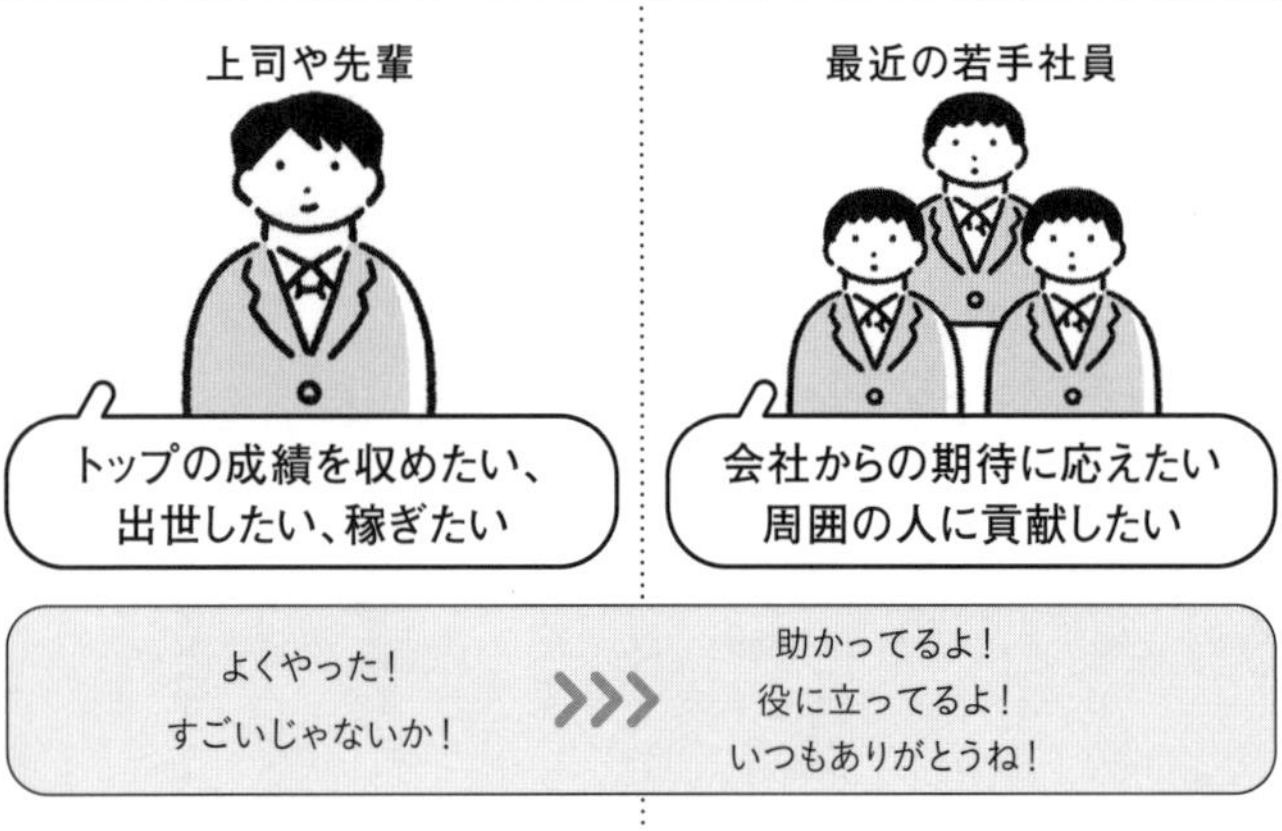
上司や先輩
トップの成績を収めたい、
出世したい、稼ぎたい
最近の若手社員
会社からの期待に応えたい
周囲の人に貢献したい
よくやった！
すごいじゃないか！
助かってるよ！
役に立ってるよ！
いつもありがとうね！

「仕事なんだからいちいち感謝する必要はないだろう」

　これらがその理由のようですが、果たして本当にそうでしょうか。

　「ありがとう」と声をかけることはお客様のような扱いになるのでしょうか。仕事において年下の部下に感謝を示してはいけないのでしょうか。

　単に、上司世代は今までそうした習慣を持たなかっただけであり、それによって違和感が生じているだけです。意識的に違和感を越えることが、上司世代にとっても新たな自身の変化につながります。

過去の習慣にとらわれることなく、新しい

時代の価値観に適応する。その1つとして若手社員に「ありがとう」と感謝を伝えることによって、職場に笑顔が広がるようになります。

そうした上司の柔らかい表情と姿勢に、若手社員は安心でき、良好なコミュニケーションにもつながってきます。

若手社員の「貢献欲」を満たすことがモチベーションアップにつながる

「あなたは抜群にいい」ではなく、「（あなたも含めて）みんないい」と伝える

「ほめて伸ばす」と言っても、ただ単にほめればいいわけではない

組織の一員として若手社員の貢献度を認め、モチベーションを高めることと同時に、個人として成果を出したときに、しっかりと評価してあげることも大切です。

□新しい仕事を1人で完遂できるようになったとき
□自分の力で大きな仕事を勝ち取ってきたとき
□臨機応変な対応でトラブルを回避したとき

などなど、ほめてあげるべきタイミングはけっこうあります。

そんなとき、上司は「素晴らしい！」「よく頑張ったじゃないか！」とみんなの前でほめたくなりますが、それをうれしいと思う若手もいれば、少々照れくさい、恥ずかしいと思う若手もいることに注意してください。

しかも、**「人前でほめる」という点に関して、最近の若手社員の中には「恥ずかしい」「できればちょっとやめてほしい」と思う人が多い傾向にあります。**

上司からすると良かれと思ってしたことが、逆に若手にはネガティブな感情を持って受けとめられてしまうのです。

ほめられて微妙な表情をしている若手社員に対して、「なぜそう思うのか？」を私なりにこっそりリサーチしてみたところ、次のような言葉が返ってきました。

「人から注目を浴びるのが苦手」
「自分はそんなたいした人間じゃないのに、すごいと思われたくない」
「これからの仕事も全部同じようにできると期待されて怖い」

ほめた上司側は「まあまあいいじゃないか、ほめてるんだから」と自分のポジティブな気持ちのまま軽く流してしまいそうになりますが、想像以上に「人前であまりほめられたくない」と感じる若手が多いことを認識しておく必要があります。

若手社員は「みんな」でほめられたい

ほめられたことをプラスに受けとめて、次なる成長へとつなげていく若手社員もいますが、人によって受けとめ方が大きく二極化してしまうのがやっかいなところです。

実際に若手社員の研修のアンケートで「できればあまりほめないでほしかった」とはっきり書かれていたことがあり、この傾向が強いことを痛感させられました。これには、**最近の若手社員特有の強い連帯感**があることも影響しています。

たとえ自分が良い結果を出してほめられても、ほかの同期も一緒に良くならないと喜べないというのです。自分1人がトップでゴールするよりも、みんな笑顔で手を取り合ってゴールテープを切ることが心からうれしいと感じるようです。

ですから、**「君は抜群にいいが、ほかはまだまだだな！　もっと頑張ってもらわないと！」というような発言をすると、当の本人は自分がほめられている気がせず、ほかと一緒に否定されている気持ちを抱くことすらあるので注意してください。**

上司世代は「連帯感」というと先を行く人が遅れをとった人の手を引いたり、重い荷物の一部を代わりに持ってあげたりしてサポートをするというイメージではないでしょうか。

しかし、最近の若手社員の中では、先に行ったり遅れたりせずに、全員が横一線で息を合わせて進むことという解釈で「連帯感」をとらえています。

そんな「人前でほめられたくない症候群」の若手社員の頑張りを上手にフィードバックする方法が２つあります。

１つ目は、**ほかの社員に聞こえないようにこっそりほめる**ことです。

そうすると、人から注目を浴びることが苦手な若手もうれしそうな表情を見せることが多いです。

ただ、そのときに「さらなる活躍を期待してるよ！」などという言葉をかけると、若手は荷が重くなってしまいます。「この調子で引き続きよろしくね」という程度に留めておくのがちょうどいいです。

2つ目は、**ほかの若手社員と共有して還元する**という方法です。

たとえば、若手の「新しい仕事を1人で完遂できるようになった工夫」や「自分の力で大きな仕事を勝ち取ってきた秘訣」「臨機応変な対応でトラブル回避につながった言動」を具体的にピックアップして全体で共有することで、みんなの成長に活かすようにするのです。

これなら若手は一時的に注目を浴びることにはなりますが、あくまでも全員の飛躍を期待したうえでの扱いになりますから、自分だけが特別な存在という感覚をそれほど抱くことはありません。若手にとってはチームの一員として工夫や秘訣をたまたま早く見つけただけであって、ほかの人にもその可能性は十分にあるという解釈になります。

このように自分の成功がチーム全体での成功に還元されることは、若手の貢献欲を満たすことにもつながります。

つまり、「あなたは抜群にいい」ではなく、**「あなたも含めてみんないい」**というニュアンスで言えるように、若手社員が全員でゴールテープを切るイメージを持ちながら指導や教育にあたるようにするのです。

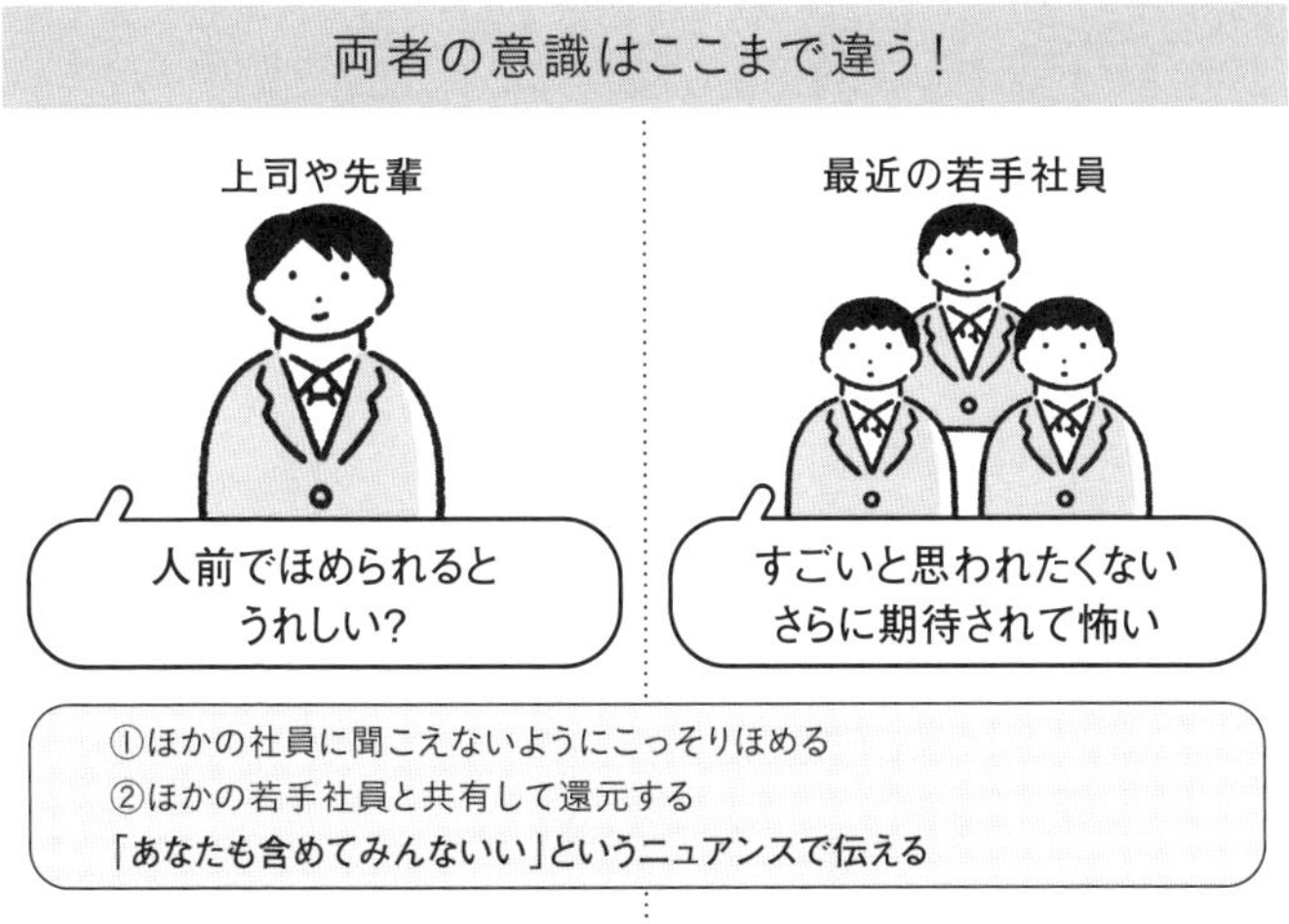
両者の意識はここまで違う!
上司や先輩
人前でほめられるとうれしい?
最近の若手社員
すごいと思われたくない
さらに期待されて怖い
①ほかの社員に聞こえないようにこっそりほめる
②ほかの若手社員と共有して還元する
「あなたも含めてみんないい」というニュアンスで伝える

若手はプレゼンは上手だが、注目を浴びることが苦手

このような傾向を見てくると、最近の若手社員はさぞかし自己主張や自己発信をする力がないように思えてきますが、実際はそうではないのが面白いところでもあります。

それが垣間見える一例として、最近の若手社員は総じてプレゼンが上手だということが挙げられます。私のプレゼン研修では、メリハリのあるはっきりとしたスピーチで自分の考えを堂々と伝える若手が目立ちます。

むしろ上司世代のほうが、ポイントが絞り切れずに情報が多く、いわゆる「結局、何が言いたいのかよくわからないプレゼン」が量産されます。スピーチも不慣れな様子の人が多く、言い間違いや言い直しが頻発することも相まって、不明瞭さに拍車がかかっている光景を目にします。

プレゼン力を見るかぎりでは、完全に若手社員に軍配が上がるのですが、ただ極度に緊張している人が多く、やはり人から注目を浴びることを不得手にしている様子が見てとれます。

外から見ると見事に自己主張や自己発信ができているにもかかわらず、内心は張り詰めた緊張感を持っているというのも若手に多い一面です。

ここでも若手社員によるプレゼンの工夫や秘訣が周囲にも還元されることで、「若手社員も含めてみんないい」という新たな組織づくりの風土に結びつけば言うことなしです。

若手の成功はこっそりほめるか、全体に共有して還元する

入社後いきなり若手が転職の質問をしてきても、うろたえてはならない

新入社員が堂々と転職の話!?

ある会社で新入社員の面白い話を耳にしました。

なんと入社したての新入社員が、社内で平然と転職の話題を持ち出しているというのです。それは休憩中に新入社員同士がこっそり転職の話をしていたというのではありません。2年目、3年目の年の近い先輩に話したというのでもありません。課長や部長といった配属先の管理職と営業の同行をしている最中やランチタイムに堂々と転職について質問して

くるそうです。

「課長は転職についてどのようにお考えでしょうか？」

「部長は転職することをどう思われますか？」

こうした事態に「彼らはいったい何を考えているのか？」「その質問にどう答えたらいいのか？」と管理職の方々は一様にうろたえてしまったそうです。

たしかにちょっと想像すれば、入社早々の社員に転職を積極的に推奨する上司はほとんどいませんし、仮にいずれ自分も転職する意志があっても新人に明言する上司もいないことぐらいわかりそうなものです。そこをあえて聞いてくるのですから、若手の意図がつかめないのも無理はありません。

じつは、私も同じような経験をしたことがあります。

入社直後の新入社員研修で、参加者から「先生は転職についてどう思いますか？」と質問されたのです。

この新入社員研修の参加者は、入社後わずか3日でした。しかも、その場には採用した人事担当者も同席していましたし、配属前ではありますが複数の部門の部長や課長も顔を出している場での出来事です。さすがに全員が目を丸くして「講師はいったい何と答えるのか?」と一斉に私に向けて視線が集中したのが印象的でした。

私は焦りも緊迫感もなく平然と答えました。

「みなさんもご存じの通り、今や終身雇用が崩壊したと言われています。したがって、転職の可能性は普通に誰にでもあり得るでしょう。一方で、キャリアには専門性も欠かせません。ですから、1つの分野を継続することも大切だと思います」

すると、その新入社員は「わかりました。貴重なご意見をありがとうございます」と納得した表情で答えていました。

この若手の発言が良いか悪いかというより、これが今の若手社員のフィーリングなのです。

彼らは単なる情報収集の一環として、まるで検索サイトで情報を得るのと同じような感覚でただ知りたい転職のことを質問しただけです。周囲の人が感じた焦りや緊迫感などは本人たちにはいっさいなく、極めてドライな感覚で聞いています。

最近の若手は、裏がないから表面的

おそらくこれまでの会社員としての普通の感覚からすると、入社直後に「転職」という言葉を口に出すのは、次のようなさまざまな裏の解釈を想起させることが考えられます。

「私は何かあったらいつでも転職するつもりでいます」
「私は最初から会社に期待していません(状況によっては、ほかに移るつもりです)」

以前でしたら、「転職の話イコールそのような姿勢を含んでいる」と周囲に解釈されてもおかしくはありませんでした。「今年の新人の中には、とんでもないヤツがいるぞ」と社内が騒然とすることも十分考えられました。

しかし、転職のことも単なる情報収集の一環と考えている新入社員には、そうしたネガティブな思いはありません。むしろ管理職や研修講師なら豊富な経験を持っているはずだろうから、実態を踏まえた有効な情報が得られそうだと、ポジティブな考えを持っているくらいです。

ただし、これは最近の若手社員は「常識がない」「場の空気が読めない」ともとらえられる一方で、従来とは異なる意識と価値観を持っているともとらえられます。その現実をしっかりと受けとめることができれば、彼らに対して否定的な感情を抱くこともなくなります。

さらに付け加えると、**最近の若手社員は発せられた言葉の意味を表面的にとらえる傾向があり、二次的な意味を包括的に解釈することが難しいこと**も知っておいてください。

たとえば、言葉の意味の受けとめ方も、若手社員はストレートです。

若手社員に対して「頑張って」という言葉をかけた場合、そのまま「まだまだ頑張りが足りない」という意味で受けとめます。

たとえ上司が、その言葉の裏に「君には伸びしろがある」「大きな可能性を感じている」という思いを含めていたとしても、若手社員には伝わりづらいのが現実です。

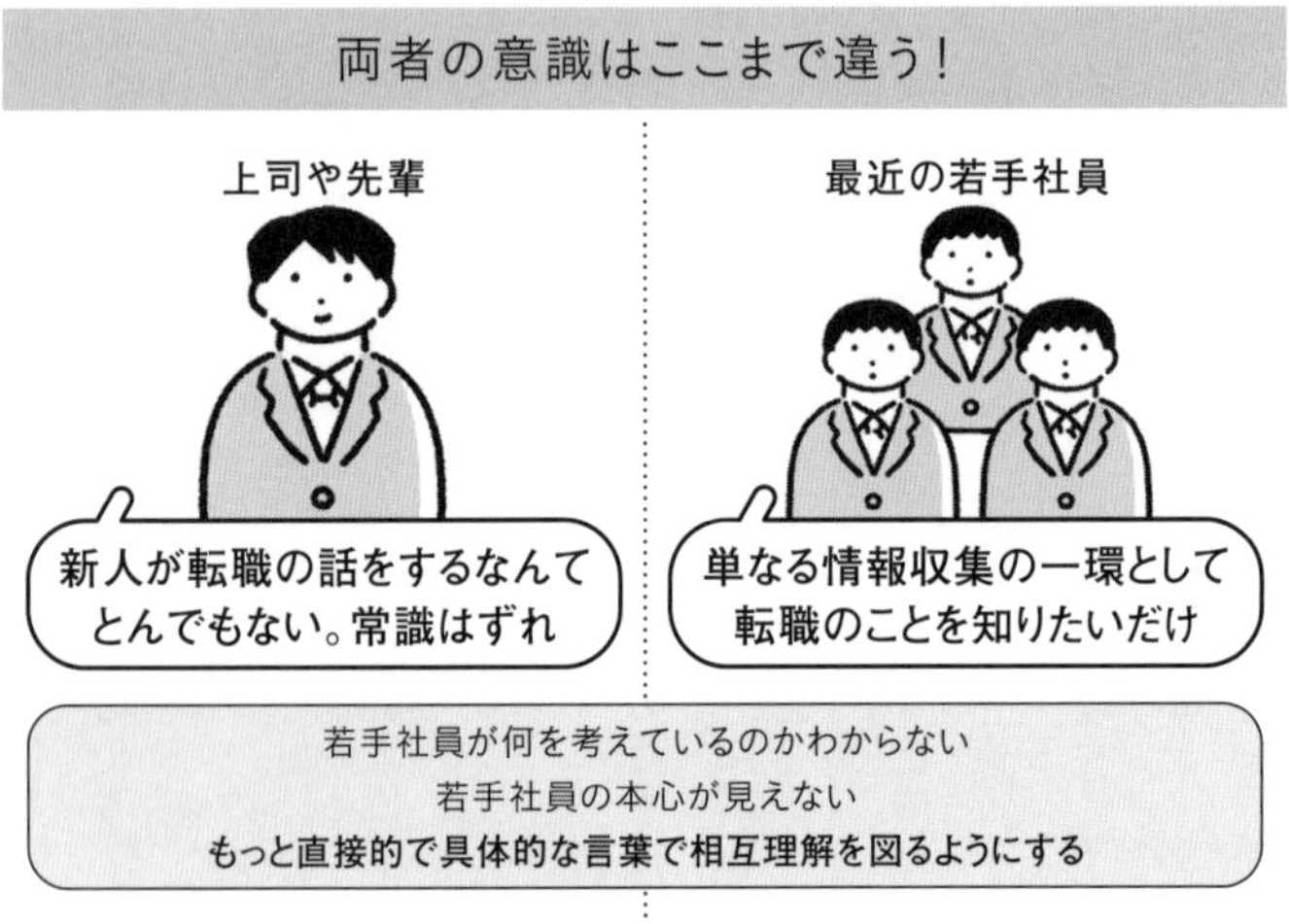
両者の意識はここまで違う！
上司や先輩
新人が転職の話をするなんて
とんでもない。常識はずれ
最近の若手社員
単なる情報収集の一環として
転職のことを知りたいだけ
若手社員が何を考えているのかわからない
若手社員の本心が見えない
もっと直接的で具体的な言葉で相互理解を図るようにする

上司世代にとって「頑張って」は、さらなる期待を込めた言葉ですが、最近の若手の受けとめ方を理解して発言する必要があります。

この話をするたびに、私は上司、先輩たちが発する言葉を思い出します。

「若手社員が何を考えているのかわからない」
「若手社員の本心が見えない」
「若手社員にこちらの気持ちが伝わっていないように感じる」

こうした声は、若手社員への指導や教育に

関する研修を実施するための事前のアンケートで必ずと言っていいほど、しかも多くの上司から寄せられます。

では若手が何を考えているのか、本心ではどう思っているのか、こちらの気持ちが届いているのかを上司からストレートに質問してみたのかどうかを確かめると、それはしていないという場合がほとんどです。

つまり、核心には触れずに若手の表面的な表情や態度から何とか探り出そうとしているわけです。それでは、若手社員の本当の心の中はつかめません。

「先輩の背中を見ろ」「先輩から盗め」という考え方はもはや通用しません。同様に若手社員にも、もっと直接的で具体的な言葉のやりとりで相互理解を図らなければならないのです。

若手社員とは直接的な言葉のやりとりで相互理解を図る

自分のことにはせっかちだけど、相手のことにはのんびり屋さん

最近の若手は「このままでいいのか……」と不安になるスピードが加速している

「この仕事は自分に向いているのだろうか？」

「これは本当に自分がやりたい仕事なのか？」

若い頃は、新しい環境に自分はやっていけるのかどうかと漠然とした不安を抱えるものです。

上司世代では、「五月病に気をつけろ」などとゴールデンウィーク明けの無気力状態を警

戒されたものです。その後、「四月病」という言葉も出てきて、入社から1か月後に不安定になる新入社員の存在が取り沙汰されて久しくなりました。

最近の若手社員は、その不安になるスピードがもっと速まっています。しかも、その傾向は入社直後だけにとどまらず、あくまで私の体感値ですが**若手の「このままでいいのか……」と不安になるスピードは上司世代が想像する1・5倍〜2倍ほどです。**

したがって、上司が「とりあえず最初は1、2年ぐらいかけて〜」などと悠長に構えていると、若手社員は早ければ半年ほどで勝手に疑問を持ちはじめて、中には会社を辞める結論にまで至ってしまうケースも出てきます。

この想像を超える若手の判断のスピードの速さと、上司の長い目で構える姿勢の差が、若手とのコミュニケーションやメンタルケアの不足、ひいては早期の離職にまで陥る原因となっています。

とにかく最近の若者は自分自身のことについては、せっかちで結論を急ぎます。

たとえば、ＹｏｕＴｕｂｅなどの動画を視聴するとき、通常のスピードではなく、1・5倍〜2倍速で早見をするという習慣が一般化しているように。もはや早見とは言えず、彼らにとってはそれが通常のスピードになっているほどです。

若者の中にはテレビドラマの録画もスピードを上げて観る人もいるそうで、芝居の間やセリフの緩急によって世界観をつくり出している監督や役者にしてみれば、その意図が十分に伝わらず泣くしかないといったところでしょう。しかし、そうした若者にとっては、話の結末を知ることのほうが優先度は高いようです。

上司は若手にこういった傾向があることを理解したうえで、若手社員のペース感に後れを取らないように1・5倍～2倍速の意識で彼らに気を配る必要があります。

自分自身のことにはせっかちだが、相手のことにはのんびり

この少々せっかちな若手社員の傾向が、仕事のスピードにも十分に活かされていれば何も言うことはないのですが、そういうわけでもないのがやっかいなところです。

たとえば、**「返答が遅い」**という点が挙げられます。

上司からの指示、お客様や取引先からの問い合わせ、他部署からの依頼など、仕事で発生するさまざまな問いかけに対して「すぐに返答する」という姿勢が備わっていない若手

社員が多く存在します。

これは学生時代の日常に表れています。高校生に総合型選抜入試の指導をしていると、帰宅後の生徒からＬＩＮＥを使って次のような質問が飛んできます。

「今ちょうど志望理由書を書いているのですが、句点が原稿用紙のマスの1行の最後にくる場合、最後のマスに書いたらいいですか？　次の行の頭ではないですよね？」

おそらく今まさに文章を書いている最中であろうと、私はすぐに返答をします。

「それで合ってますよ。最後のマスに書いてください」

ところが、なぜかこのメッセージが既読になることが数時間後、中には半日後というケースが少なくありません。

現在進行形で私に質問を投げかけたにもかかわらず、自分が送ったらそれで満足してしまい、すぐに返答がくることはほとんどありません。

「なぜ、すぐに目を通して返答しないのか?」と思いながら、若者とのレスポンスのペース感の違いに最初はとまどうことも多かったものです。

もちろん、生徒はこちらを無視しているわけではありません。また、確認と返答が遅くなったことに何の悪気もありません。

「わかりました！　お忙しいところありがとうございました！」

一定の時間が経過すると、丁寧な感謝のメッセージがかわいらしいスタンプと一緒にしっかり返ってくるので、やはりコミュニケーションのスピード感に対する意識が違うだけのようです。

また、若者との時間感覚の違いは、こんなところにも表れます。たとえば、高校生にオンラインで指導をする際、「3日後の17時から開始」と約束したとします。すると、当日17時にパソコンの電源を入れる生徒が少なくないのです。当然ながらパソコンが起動してからソフトを立ち上げて、ＺｏｏｍのＵＲＬをクリックして接続すること

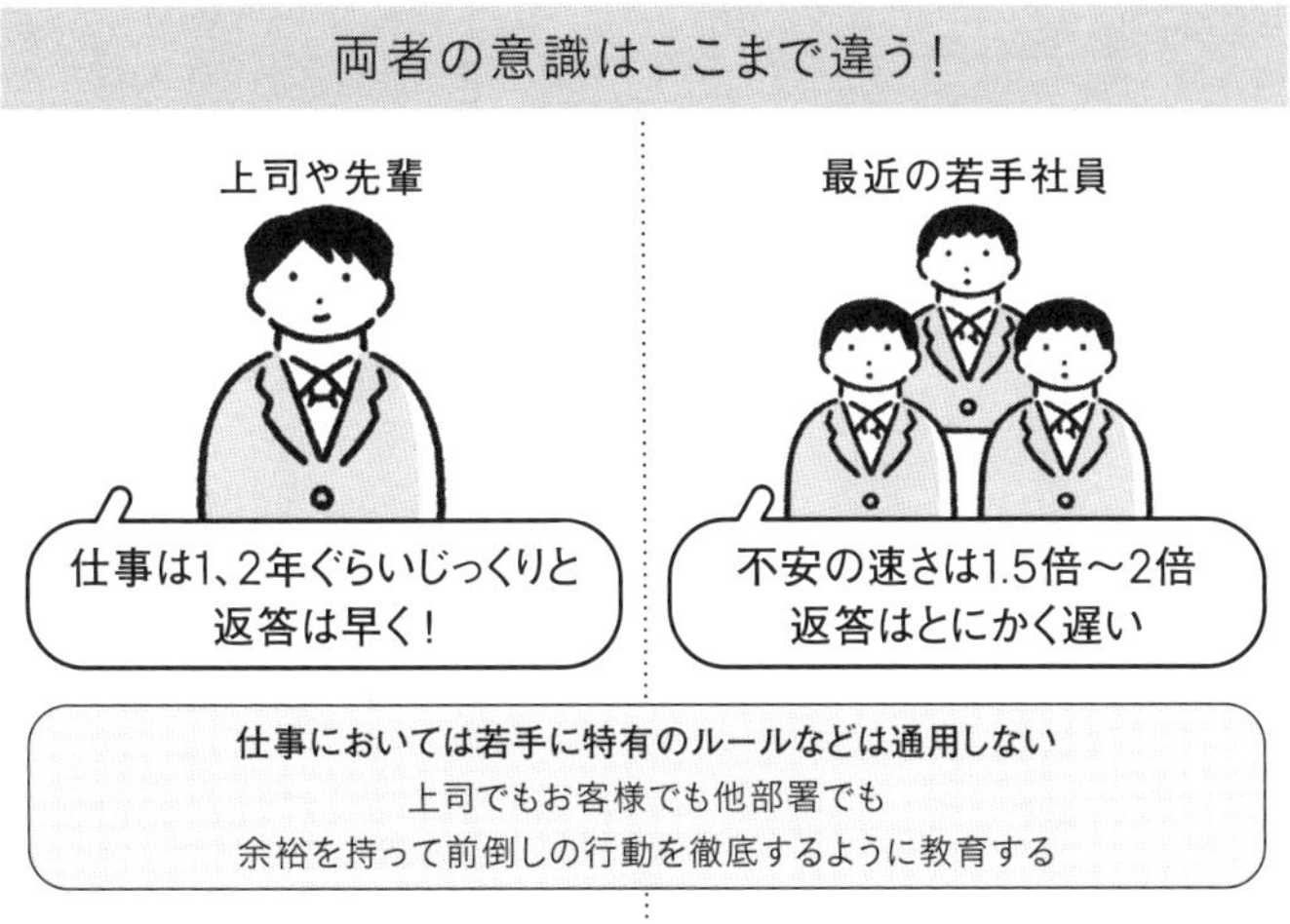
両者の意識はここまで違う!
上司や先輩
最近の若手社員
仕事は1、2年ぐらいじっくりと
返答は早く!
不安の速さは1.5倍～2倍
返答はとにかく遅い
仕事においては若手に特有のルールなどは通用しない
上司でもお客様でも他部署でも
余裕を持って前倒しの行動を徹底するように教育する

になりますから、17時ジャストにログインすることなどできるはずがありません。

パソコンを再起動する必要が生じて、「すみません、今再起動していますので5分遅れます」「10分遅れます」というLINEを受けとることもよくあります。

私は大学受験の指導も10年を超え、多くの高校生と関わるうちに、良くも悪くもこうしたスピード感の違いにすっかり慣れてしまいました。そして、彼らが大学生になった後のやりとりでもこの傾向は継続されますから、そのまま就職後の社会人生活にも引き継がれていくことは火を見るより明らかです。

しかし、社会人としての仕事には若手に特

有のスピード感などは通用しません。

電話でもメールでも急ぐべきは急ぎ、急がないものでもできるだけ早く返答するという習慣を身につけなければなりません。午前10時に会議がはじまる場合、10時ジャストに会議室に着くことは許されないようにです。

したがって、相手が上司でもお客様でも他部署でも**「余裕を持って前倒しの行動をする」ことが徹底されるように若手社員を教育する**必要があります。

場合によっては、社会ではできるかぎり早く返答や行動をしなければならないこと自体を教える必要があります。その際の前提として、若手は自分自身のことにはせっかちだが、相手のことにはのんびりしているという面があることを頭に入れておいてください。

若手を1・5倍〜2倍速の意識で観察しながら、すぐに返答することを徹底させる

「強制と忍耐」の美学ではなく「肯定と承認」の言動を

「これまで」と「これから」の指導スタイルの変化

人の教育や指導に関して、これまでは「強制と忍耐」が幅を利かせていた時代もありました。

中学、高校時代の部活動が典型です。指導者は、指導される者に対して選択の余地を与えず、発言することも許さずにやるべきメニューを半ば強制的に与えました。そして「このつらさに耐えろ！　乗り越えろ！　そうすればもっと強くなれる！」という観念のもと、厳しい訓練が繰り返されました。

生徒はやたら怒鳴り声を上げる顧問やコーチから出された練習メニューをこなし、朝練、

放課後と長時間を費やしていました。そのうえ、「気合が足りない」と意味不明な判断によ

ってランニングを追加されたり、誰か1人がミスをすると「連帯責任だ」と言って腕立て

伏せや腹筋といった追加メニューも課されたりしました。

企業においても「強制と忍耐」の文化が横行していました。

高圧的な講師がひたすら社員を罵倒し続けたり、社員に大声で絶叫させたり泣かせたり

する研修が行われていた時代がありました。私自身は、そのような研修を行ったことも受

けたこともありませんが、経験者から「この状況から解放されたい一心で絶叫するしかな

かった」という話を聞いたことがあります。

また、まだ仕事が終わらない上司や先輩がいるうちは、若手が帰りづらい雰囲気を醸し

出す職場環境というのも部活動の連帯責任と同じような発想でありました。

当時は、このように指導者の非合理的で主観的で一方的な、いわば「理不尽な指導」に

対して、指導される側は黙って従うしかありませんでした。肝心なのは、その結果、「本

当に強くなれたのか」ということです。

その反省からか、徐々に「強制と忍耐」の考え方は影を潜めるようになり、最近は正反対の**「肯定と承認」**が重視される時代へと変化しました。

昔の指導者のように「バカ野郎！　そんなんじゃダメだ！」と否定の言葉で罵声を浴びせることはなくなり、「いいね！」「よく頑張ってるね！」と指導される側の頑張りや挑戦を肯定的に認めるようになっています。

若手社員はそうした時代背景のもとで育ってきたことを上司世代はしっかり認識して、指導への意識と方法を切り替えなければなりません。しかし、いまだにその切り替えができていない組織や人が存在しています。

ここで押さえておくべき点は、**人の成長にとっては「肯定と承認」のほうが、効果的であって、メリットが大きいから変わらなければならない**ということです。人は自分自身を肯定され承認されると能動的に目標を立て、その達成のために自発的に行動するようになるからです。

つまり、時代が変わったから意識を切り替えるという以上に、**本来の教育指導のあり方を正しく理解して実行するのです。**

この点が理解できていない人ほど、変化が求められていることに対して「今の時代はそれじゃ許されないから」「今の若者にはそれじゃ通用しないから」と言います。

そのようなスタンスでは、許されないから通用しないからダメなんだという否定的な考え方から1ミリも脱することができません。人を教育、指導する真理の根本から理解できなければ、若手社員を真に肯定し承認することに結びつかないのです。

スポーツの世界では「肯定と承認」の流れはすでに現在進行形

若手への指導スタイルの変化について、最適な事例を紹介します。それはアスリートの世界です。

プロアマ問わず、さまざまな競技において「肯定と承認」の効果を見ることができます。若い選手が史上最高記録を更新したり、世界の舞台で栄冠を勝ち取ったりと驚かされるばかりです。

そのような若い選手たちの姿からは、抑圧された悲壮感は微塵も感じられません。もちろん厳しいトレーニングを積んでいることは言うまでもありませんが、自らが立てた目標に向けて能動的に突き進んでいる姿勢が表れています。その表情からは、その競技が好きでたまらないという前向きな思いを感じとることができます。

とくに、私が注目しているのはカーリングの日本代表としても活躍した実績のある「ロコ・ソラーレ」です。

「そだねー」「オッケー」「ドンマイ、ドンマイ」と肯定の言葉によるコミュニケーションが繰り広げられています。もし誰かの調子が悪かったり、ピンチに追い込まれたりすると、すかさずほかのメンバーが前向きな言葉をかけてサポートします。これ以上ない素晴らしいチームワークで成果を出しています。そして、何よりメンバーが常に笑顔を絶やさないところに「肯定と承認」の実践を見ることができます。

みなさんの職場でも同様に考えて取り組むことはできるはずです。

「あれをしろ！　これをやれ！」と抑圧することなく、「ダメだ！　ダメだ！」と頭ごなしに否定するのではなく、**まずは若手社員の頑張りや挑戦に対して肯定の言葉をかけることからはじめてみてください。**そうすれば、自然と笑顔があふれる時間が増えるはずです。

決して若手を甘やかせ、楽をさせろと言っているのではありません。いつの時代も一人

両者の意識はここまで違う！

上司や先輩
最近の若手社員
バカ野郎、そんなんじゃダメだ! このつらさに耐えろ!
オッケー ドンマイ、ドンマイ
人の成長にとっては「肯定と承認」のほうが、効果的である
時代が変わったからではなく、本来の教育指導のあり方である
ただし、仕事の義務は果たさなければならない

前に成長するためには、試練を乗り越えることは当然必要です。そんなときこそ、まずは肯定と承認からはじめることが、社会人としての目標設定や成果を上げるための行動を能動的に芽生えさせることにつながります。

ただし、１つだけ注意点があります。それは「肯定と承認」の意味をはき違えて、それこそ甘やかすだけ甘やかして育てられてきた若者もいるということです。

やりたくないことは無理してやらなくていい、自分がやりたいことだけを好きなようにやりなさいと言われて育ってきたようなケースです。

しかし、仕事は自分がやりたいことや好き

なことばかりではありません。やりたくないことであっても、やらなければならないことはいくらでも存在します。それは強制でも忍耐でもなく、義務というものです。

その意味が理解できているうえで、はじめて「肯定と承認」は成立するのですが、残念ながらその前提が備わっていない若手も少なからずいます。近年はその割合が増加傾向にあることもまた事実として認識しておいてください。

人の育成にとって「肯定と承認」のほうが、効果的であってメリットが大きい

第2章

若手部下への「やってはいけない」NG行動

怒らない、叱らない

「怒る」も「叱る」も今は伝わらない

「今は昔と違って、若手社員のことを怒ってはいけない。それをやると一発でパワハラとして訴えられてしまう」

このような認識が職場で広まって久しくなります。若手に「バカ野郎!」「ふざけんな!」「なめてんのか!」と汚い罵声を浴びせる光景もほとんど見られなくなりました。

そんな汚い言葉で若手を脅しても状況は何も変わりません。むしろ明らかに若手社員の心に傷を与えるだけで、合理的な解決策は何も生まれてこないのです。上司や先輩は、まずこの点をしっかり踏まえることが重要です。

また、「怒る」のはNGだが「叱る」ならOKという考え方があります。感情をぶつけるのが怒る、相手のことを思ってするのが叱るというのが一般的な解釈ですが、「叱る」こともきっぱりやめたほうがいいです。

理屈ではいかようにも論じることができますが、「怒る」も「叱る」も実際にはたいした違いがなく、受け手側の若手社員には同じようにしか伝わらないのが現実だからです。

上司のボキャブラリーが乏しいのも一因ですが、結局のところ「もっと真面目にやれ！」とか「しっかりしろ！」といった程度の言葉しか発せられない場合がほとんどです。

これでは上司は叱っているつもりでも、若手社員からすると上司は怒っているとしか受けとれません。

したがって、**長らく語られてきた「怒る」のではなく「叱る」という理論とも、そろそろ決別のときが訪れた**と考えるべきです。

説明をして教えれば、伝わる

大切なのは**「説明して、教える」**という2つのステップです。

まず、最初のステップは、至らない点を**「冷静に説明する」**です。

怒らない、叱らないと言っても、若手社員のミスや失敗に目をつぶって甘やかせと言っているのではありません。できていないことはできていない、悪いことは悪いと明確に説明します。

そのためには**「この仕事で求められている水準」「この仕事の本来あるべき完成のイメージ」**を具体的に示すことからはじめます。ここでのポイントは、**落ち着いて感情をフラットに「説明」すること**です。

そして若手社員の仕事の完成度に対して、何がどれぐらい足りなかったのかをはっきりと伝えるようにします。また、その至らなさによってお客様や取引先、他部署、ほかの社員にどのような悪影響が生じてしまうのか、ひいては会社全体にどれだけの損害を与えることになるのかも明確に伝えます。

若手が1人の社員として果たすべき仕事に対して、先輩や上司は妥協すべきではありません。もちろん、冷静かつ客観的な取り組みですから、「バカ野郎！」「ふざけんな！」という罵声が出てくるはずはありません。

これを実践するためには、上司や先輩は「仕事の水準」や「完成のイメージ」と合わせて、**「仕事の目的や意義」「1人の仕事が与える影響」**について具体的に伝えられるだけのボキャブラリーと説明力も問われます。

ミスや失敗に伴う悪影響についても「不満が出る」「クレームになる」「評判が落ちる」といった大雑把な表現ではなく、「誰にどれほどの弊害が生じるのか」を具体的に説明するのです。これは若手社員への教育であり、上司や先輩に求められる仕事の水準であるとも言えます。

そして、次のステップは**「教える」**です。

ここで「自分で考えろ！」「周りの先輩を見て盗め！」と突き放してはいけません。

若手の至らない点が明確になったのですから、仕事が完成したイメージとの差をどのようにして埋めていけばいいのかを1つひとつ丁寧に教えていきます。

怒るでも叱るでもない「説明して教える」7つのルール

1. 至らない点を冷静に説明する
2. その仕事の完成イメージを具体的に示す
3. 何がどれぐらい足りないのかをはっきり伝える
4. それによってどのような悪影響が生じるのかを伝える
5. 具体的に誰にどれほどの弊害が生じるのかを伝える
6. 上司、先輩として知識と経験を活かして教える
7. 至らなかった原因を分析する

まさに上司、先輩として豊富な知識と経験を活かす場となりますから、これまでのキャリアで培ってきたノウハウを惜しみなく提供してください。それが、若手社員から信頼を獲得するチャンスにもなります。

それと同時に、**若手が「仕事の手順や方法を知らなかったのか」「忘れてしまったのか」「知ってはいたが取り組み方が悪かったのか」といった原因の分析**も行ってください。

そのうえで、知らないことはどうやって調べればいいのか、誰に聞けばいいのかを教えることで、若手の自発的な行動を促すことにつながります。

また、**教わった内容をメモして記録に残す大切さ**も若手に教えます。記録することによって、TO DOにつなげるのはもちろん、「言った、言わない」を防ぐことができるのは、すべての仕事に共通する大事なポイントです。

昔は上司や先輩は指導を通して、若手に仕事の厳しさを伝えていたかもしれませんが、今の若手社員は「何を」「どうするか」がわかれば、自ら動く人も少なくないので、必要以上の厳しさはいりません。何より若手が仕事を覚え、成長していくことがゴールなのですから。

怒るも叱るもNG。説明して、教える方法に切り替える

「わかりきったこと」を聞かない

若手に当たり前のことを聞くと、一人前として認めていないと思われる

若手社員が失敗してしまったとき、説明して教えるなかで注意しなければならない点があります。それは、とくに経験豊富な上司からすると「そんな基本的なこともわからないのか?」「そんなの当たり前だろう」と思うような基本的なミスが起きた場合についやってしまいがちなことです。

たとえば、次のような言い方がそうです。

上司「君の話はわかりづらいんだよね。話がわかりづらい営業とわかりやすい営業のどっちが喜ばれると思う?」※わかりきった質問
部下「わかりやすい営業です……」

これは男性の上司に多い言い方です。女性の上司の場合は次のような言い方もあります。

上司「何でできなかったの?」「どうして忘れちゃったの?」「何で?」
部下「……すみません、つい忘れてしまいました」

といったように「何で?」「どうして?」と理由を問い詰めるパターンです。
上司としては、しっかり教えるために問題点や原因を1つひとつ丁寧に確認しているだけかもしれません。しかし、このような詰問型の指摘の仕方は、若手社員にとっては、自分でも悪いと感じていることを執拗に攻められ、人間性を否定されていると受けとることもあります。

わかりきったクイズを出したり、答えようのない質問を連続的に投げかけたり、詰問したりすることは、単なる子ども扱いでしかありません。

ただでさえ承認欲求が強い最近の若手社員の「周囲に役立てるように頑張りたい」という素直で真面目な思いを踏みにじることになります。

しかも、こうした言い回しはおだやかな口調で話すと、上司としてはパワハラにはならないだろうと思いがちです。

しかし、わかりきった質問や詰問は、若手社員の心をじわじわと傷つけてしまい、厳しく怒られる以上に大きなダメージを負わせてしまいます。

その背景には、暗に上司である自分が上、若手社員が下と位置づけているような意識があり、若手社員もそのように感じているはずです。

単刀直入に伝えたほうが、わかりやすいことも多い

若手社員の失敗や基本的なミスに対して、再発防止を図るべく指摘する際には、ストレ

ートに説明します。

さっきのお客様への説明の仕方だけど、ちょっとわかりづらかったかもしれないですね。お客様もそういう表情をしていたことに気づきましたか？　お客様は商品やサービスの内容だけじゃなくて、営業のわかりやすい説明からも安心感や信頼感を持つものだから、伝え方もしっかり意識することは大切です。

そして、次のように続けます。

具体的なポイントは2つあって、1つ目は、最初にこれから何の話をどういう順序でするのか全体像を伝えることです。2つ目は、重要なポイント、つまり、結論を最初に伝えること、じゃあ次のお客様からこの2つを意識してやってみましょう！

いかがでしょうか。わかりきった質問などしなくても、伝えるべきゴールはまったく変わりません。

「わかりきった質問」は若手に大きなダメージを与える！

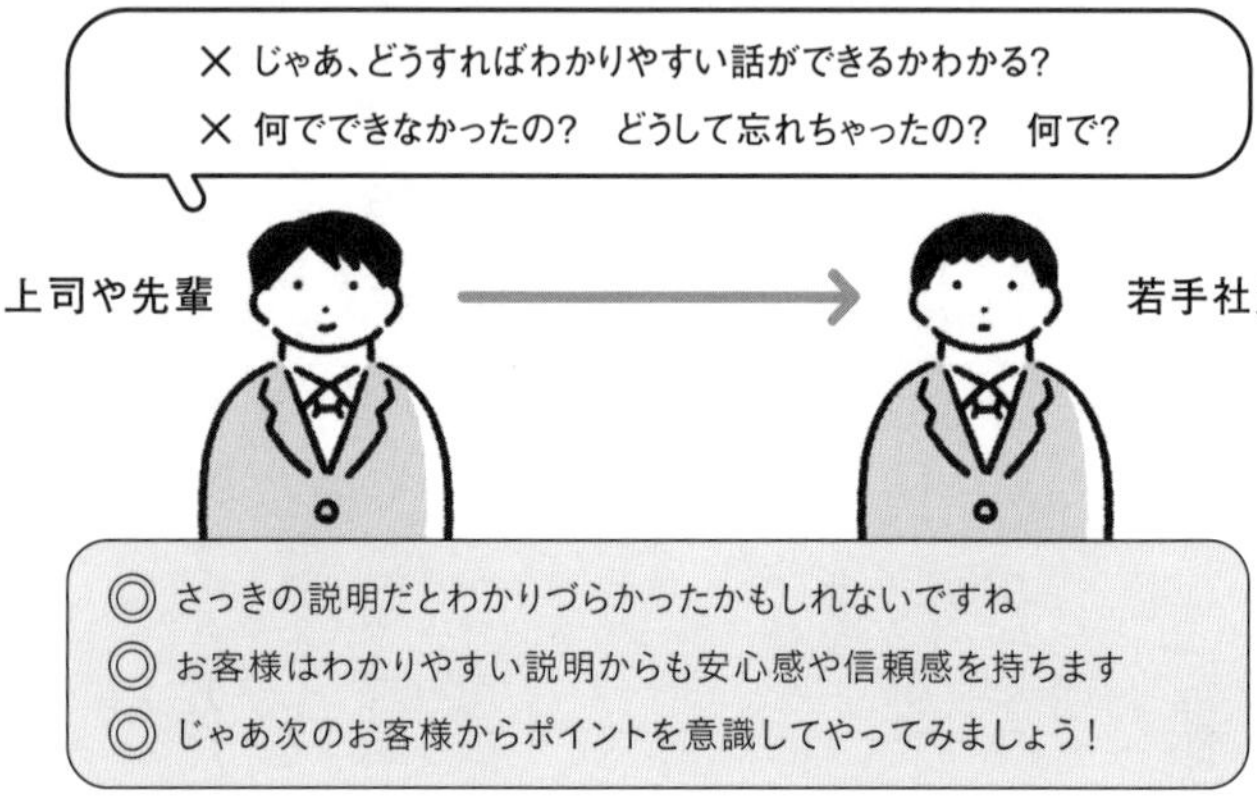
× じゃあ、どうすればわかりやすい話ができるかわかる？
× 何でできなかったの？　どうして忘れちゃったの？　何で？
上司や先輩
若手社員
◎ さっきの説明だとわかりづらかったかもしれないですね
◎ お客様はわかりやすい説明からも安心感や信頼感を持ちます
◎ じゃあ次のお客様からポイントを意識してやってみましょう！

むしろ会話が行ったり来たりしないぶん、伝えるべきポイントが明確になります。それだけでなく時間が短くなって効率的ですし、何より若手社員の素直な心を傷つけることがありません。

若手自身も自分の成長につながる話だとわかると、信頼感を持つ傾向が強いですから、良い関係性を築くことにもつながります。

誰しも最初は、わからないものはわからないですし、できないことはできません。自分で考えられるのも、基本的な知識やスキルをひと通り身につけてこそです。

そのことを理解せずに、最初からさも理解していないのが悪いとするから、わかりきった質問や詰問をするのです。

それこそ、「わかりきったことを何度も言わせようとする上司、物事をストレートに伝える上司、若手社員はどっちを望んでいるかわかりますか？」という、わかりきった質問を自分自身に投げかけてみてください。

若手社員の心を傷つけないために、知識やスキルはストレートに教える

「上司は少々怖い存在でなければ」というイメージを持ってはならない

上司は「こうあらねば」という勘違い

上司は若手社員に対して、つかみどころがなく、さまざまな思いを抱いているかもしれません。

では、若手社員のほうは上司のことをどう思っているかご存じでしょうか。たとえ上司が「どう思っているの?」と聞いてみても、直属の上司と部下の関係性のなかでは、彼らはなかなか本音を口にすることはないでしょう。

「怖くて話しかけづらい……」

「忙しそうで声をかけづらい……」

これらは、入社3年以内の若手社員から最も多く聞かれる上司に対する本音です。若手は上司に業務上必要となる報告や連絡でも恐る恐るしているそうで、質問や相談などは怖くてしにくいと言います。

その一方で、上司や先輩は最近の若手社員に対して「彼らが何を考えているのかわからない」と言っているわけですから、まさに背中合わせの状態です。

私が若手社員向けの研修をしていると、オブザーバーとして上司が同席するケースがよくあります。

話しかけづらい、声をかけづらいと萎縮している若手社員が多い企業にかぎって、上司は腕組みをしてしかめっ面で様子を見ています。

いったい何に対してそんなに不機嫌なのでしょうか。若手社員が気に入らないのか、講師の私が気に入らないのか、どこからどう見ても怒っているようにしか見えません。

そこで、様子を探るために私のほうから上司の方に話しかけてみると、「お世話になり

今すぐ実践！「笑顔」を増やす7つのルール

1. 眉間にしわ、腕組み、足組み厳禁！
2. 朝出社したら「おはよう！」と笑顔で挨拶
3. 部下に呼ばれたら笑顔で応える
4. トイレに行ったら必ず鏡を見てニッコリ
5. 外出時は「行ってきます！」と笑顔で声かけ
6. 帰社時も「ただいま！」と笑顔で入室する
7. しゃべっていないときは常に口角を上げる意識を

ます！　どうぞよろしくお願いします！」と清々しく挨拶を交わすことができます。

どうやら、怖くて威圧的な雰囲気が染みついてしまっているようです。

本人は気づいていないかもしれませんが、多くの上司は外から見ると十分に近寄りづらいバリアを張り巡らしています。上司の方と年代の近い私ですらそう感じるのですから、入社したての若手社員が恐怖心を抱くのも無理はありません。

心理的安全性は「笑顔」から

まず、「上司は少々怖い存在でなければならない」という誤った固定観念は捨ててください。そして、若手が声をかけやすくなるためのポイントは**「笑顔」**です。

上司や先輩は、常に意識して優しい柔和な表情でいることを習慣づけてください。

ミスや失敗を説明して教える際、突発的なトラブルを解決する際は緊迫感、緊張感を持って取り組まなければなりませんが、それ以外は笑顔で接するようにします。眉間にしわを寄せたり、厳しい目つきでにらんだりするのはやめてください。

昨今話題の心理的安全性が保たれ、若手社員が近寄りやすく話しかけやすい存在になるべく、業務上の報告や連絡はもちろん、ふだんから気がねなく質問や相談ができる雰囲気を醸し出してください。

最初は意識的に表情をつくることからのスタートになるかもしれませんが、やがて自然な笑顔の習慣が身についているはずです。

優しい柔和な表情をして気兼ねなく質問や相談ができる雰囲気をつくる

「一人前になるには厳しさが必要」は旧時代の考え方

もはや「厳しさ」で部下を動かす時代ではない

「ビシバシ厳しくやってください！」

これは、私が若手社員を対象とした研修をする際に、管理職の方からよく言われる言葉です。私は内心「それでは最近の若手社員に逆効果になってしまうんですが……」と思いながら聞いています。

また、入社から1か月未満の新入社員に対して、管理職の方から「まだ学生気分が抜けていないから、ビシッとお願いします」などという言葉も聞かれます。しかし、新入社員はついこの前まで学生だったわけですし、まだ仕事の現場も経験していないわけですから、学生気分が抜けきっていなくても当然のことです。

中には、若手のことを「何もわかってない」とまで言う上司もいますが、まだまともに何も教わっていないのですから、何もわからないのは当たり前です。だからこそ、教育や指導が必要になるのです。

これらは、多くの上司や先輩が「人は厳しくしないと一人前に育たない」という固定観念にとらわれていることに原因があります。自分たちがそうやって育てられてきた、そんな扱いしか受けてこなかったからそう思い込んでいるだけであり、そこから脱却する必要があります。

もちろん、仕事を通してお客様の期待を超えた商品やサービスを提供し、継続的に買ってもらうことは容易ではありません。そのためには、1人ひとりが仕事においてさまざまな責任や義務を果たすことが必要です。しかし、若手社員にその大切さを教えることと、彼らを厳しく扱うことには何の関係もないことに気づかなければなりません。

仕事は楽しいことやうれしいことだけではありません。緊迫感を持って業務に集中しなければならない時間も多くありますし、ミスや失敗をしてつらく厳しい瞬間を経験することもあるでしょう。しかし、つらさや厳しさの乗り越え方は、実際につらく厳しい状況に遭遇したときにしか、上司や先輩が教えることも、若手が学ぶこともできません。

まだ何も起きていない、はじまったばかりの段階から若手に理由もなくビシバシ脅かすことで、つらさや厳しさを植えつける必要はまったくありません。

何より、上司や先輩はやり遂げることで得られる仕事の喜びや楽しさを若手に伝える役割があることを自覚してください。

だからこそ、上司や先輩は若手社員が自ら選択して就いた仕事が好きになるようなお手本として、品性のある大人の立ち振る舞いを体現しなければならないのです。

好き、楽しい、喜びといった感情が先行したほうが、人は大きく成長できる

「何でもネット」「いつでもスマホ」と若者批判してはならない

「ネットで育った世代だから」と頭ごなしに否定しない

若手社員と上司の世代間のギャップで最も影響が大きいのがネットとスマホです。それらにより若手社員のコミュニケーションのとり方やライフスタイル、価値観までが大きく変化してきています。

上司の世代は、学生時代の終わり頃か社会人になってからネットが一般に普及してきて、スマホを手にする頃にはすっかり大人になっていたはずです。

それに比べて、若手社員は小中学生の頃からスマホを日常的に使っていたのですから、とらえ方が大きく異なるのは当然と言えます。

「何でもネットで調べようとする」
「暇さえあればいつでもスマホを見ている」

このように若手社員に対して否定的な見方をする傾向が強まっています。

ただし、スマホ文化と若手社員を安易に結びつけて否定することはやめるべきです。実態を正しく認識しないまま本来は必要のない否定をすることは、彼らとの良好な関係を構築しようとする際の障害となります。

AI時代でも、人間が頭を使ってすべきこと

上司の世代は、若手のネットやスマホ文化を肯定的に受けとめながら、それだけでは得られない考え方を教えるのです。

まず1つ目は**「自分の考え」を持つことの必要性**です。

ネット上の情報は、あくまでも他人がまとめたものにすぎません。それらを受動的に受けとるだけではなく、若手が「自分で考える習慣」を身につけるように指導します。

たとえば、若手にミスやトラブルが発生したときに、その原因や改善策について問いかけて思考を促します。その際、最初から正解が出せるかどうかにこだわってはいけません。自分の考えを持って主張することが大事です。もしその考えでうまくいかなければ再度考え直し、「これが試行錯誤することだよ」と若手に教えるようにします。


2つ目は**「自分と異なる考え」を持つ人との議論の大切さ**です。

ネット上では、1つの話題に対して賛成、反対とさまざまな意見があるとき、「賛否両論がある」というひと言で片づけがちです。しかし、そこで終わりにせずに、「双方の立場の根拠はどこにあるのか?」「折衷案や妥協点はないのか?」「どちらかを優先すべきか?」といった点まで考え抜くことは、組織の中で仕事をするうえでも大事です。

たとえば、若手が上司や先輩と意見が食い違うことがあるかもしれません。その際、上司や先輩は「それは違うな」「そうじゃないな」と一蹴せずに、食い違うことを歓迎してお互いの考えについて議論するようにします。

世代間のギャップを安易に否定しない！

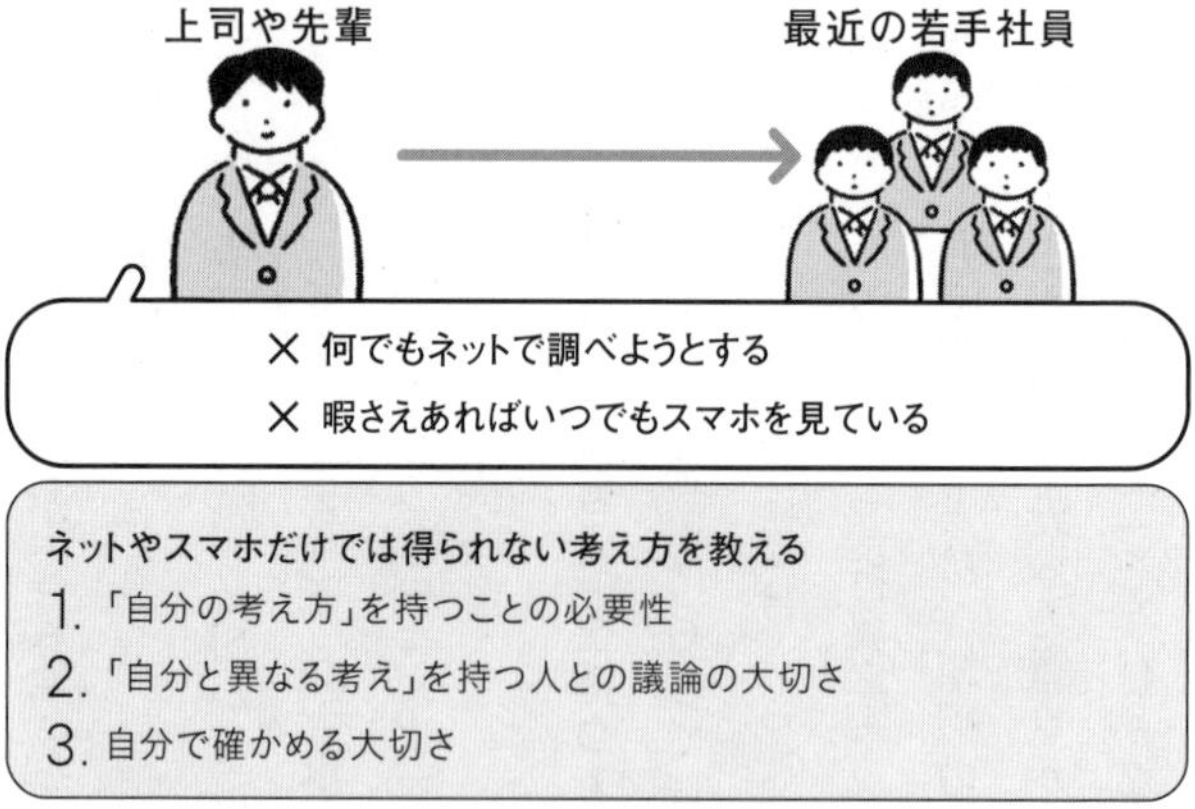
上司や先輩
最近の若手社員
× 何でもネットで調べようとする
× 暇さえあればいつでもスマホを見ている
ネットやスマホだけでは得られない考え方を教える
1.「自分の考え方」を持つことの必要性
2.「自分と異なる考え」を持つ人との議論の大切さ
3. 自分で確かめる大切さ

結果、若手の考えのほうがうまくいくかもしれませんし、やっぱり上司や先輩が正しいということになるかもしれません。この「試行錯誤」するプロセス自体が、大切な経験となります。

とくに組織において新たな取り組みを導入しようとすると、意見の対立が生まれるものですから、その訓練を日常的にしておくことでブレイクスルーする技術も身につくのです。

そして3つ目として**「自分で確かめる大切さ」**も教えておきます。

ネット上には、さまざまな情報が掲載されています。実際の真偽のほどは不明なものも少なくありません。

ところが、今の若手社員は自分の目で実際に確かめることなく、頭の中だけで勝手に結論づけてしまう傾向があります。

これからはＡＩの普及によって世界中の情報がさらに簡単に手に入るようになります。だからこそ、目の前にある情報だけで判断せず、自分で確かめることによって、物事の本質を見抜く目も養われるのです。

ネットやスマホ文化を肯定的に受けとめながら、それだけでは得られない世界観を教える

「頑張れ！」「大丈夫！」と周囲に気づかれるような鼓舞は避ける

「熱さの押し売り」は厳禁

最近の若手社員は、とかく失敗することを怖がります。

若手社員の研修で「仕事に対してどんなことを考えていますか？」という質問をしてみると、じつに9割くらいの人が「失敗するのが怖い」と答えます。

仕事に対して将来に向けての目標や充実感といった前向きな言葉は聞かれず、若手から「失敗」「怖い」というネガティブなワードがまず出てくることに驚かされます。

もちろん何か新しいことに挑戦するときは、誰しもできれば失敗したくないと考えるのは自然なことです。しかし、さきほどの「仕事」という漠然とした質問に対して、若手が「失敗することの恐怖」を挙げるのは、いかにその気持ちが根強いかを物語っています。

そんな若手社員の姿勢に、上司や先輩であれば「失敗なんか怖がるな！」「大丈夫だ！頑張れ！」と熱い言葉で鼓舞したくなるでしょう。

しかし、このアプローチは最近の若手社員には適切とは言えません。私も以前は、そのように鼓舞していましたが、彼らのメンタルにマッチしていない、いやむしろ逆効果になっていることとさえ感じるようになりました。


まず**最近の若手は、熱血、熱さが苦手です。**

最近の若手は火がつかない不燃性という話をしましたが、自分が熱くならないだけでなく、外部からの熱意をどう受けとめていいかがわかりません。

それだけならまだしも、中には熱く迫られることをどこか気恥ずかしい、鬱陶しい、できればやめてほしいとまで感じています。

ですから、上司や先輩は若手を鼓舞したい気持ちを、いったん立ち止まってクールダウンすることが必要です。自分が熱ければ部下にも必ず伝わるはずだという思いは捨てて、冷静になってください。

そうすることで、まず若手に最初のアプローチで拒絶されることが回避できるだけでなく、上司や先輩が「どうしてわかってくれないんだ」「なんでこっちの気持ちが伝わらないんだ」というストレスを抱えることもなくなります。くれぐれも「熱さがない＝やる気がない」という固定観念で決めつけないように注意してください。

また、**若手は自分が鼓舞されていることを周囲に気づかれてしまうのも歓迎しません。**これは、彼らが極度に失敗を恐れている原因に関連しています。

若手に「なぜ失敗を恐れるのですか？」と尋ねると、「周囲に迷惑をかけたくないから」という答えが返ってきます。

従来の感覚では、失敗によって自分の醜態をさらすことや弱点を周囲の人に知られることが恥ずかしいとなりますが、最近の若手社員は自らの恥ずかしさ以上に「みんなの足を引っ張りたくない」という思いを強く持っています。

たとえば、若手社員を対象とした研修では、質問がほとんど出ない傾向が年々強くなっています。「どんな些細なことでもいいから遠慮なく質問していいですよ」と優しく働きかけてもまったく反応がありません。

しかし、若手社員は休憩時間に入るとパラパラと個別に質問をしにきます。「さっき質問してくれたら良かったのに」と言うと、彼らは「自分なんかのためにみんなの時間を使うのは申し訳ない」と言います。

若手の特徴を理解したコミュニケーションを

上司や先輩は、若手社員の繊細さを理解することが大切です。

そして、彼らを勇気づけたいと思ったときには、周囲に聞こえないように、こっそりと言葉をかけてあげるようにしてください。そうすれば、彼らはあなたの存在を心強く感じるでしょう。

その際に「頑張れ！」「大丈夫だ！」という大雑把な言葉で終わらせないように。具体性がないと、若手は「頑張れって、何をどう頑張ればいいの？」「大丈夫ってどうして？」と むしろ新たな疑問を持ったり、自分はテキトーに扱われているという感覚を持ったりします。

したがって、**「いつまでに、何を、どのように頑張ればいいのか」といった取り組み方ま**

若手を熱い言葉で鼓舞するのは逆効果

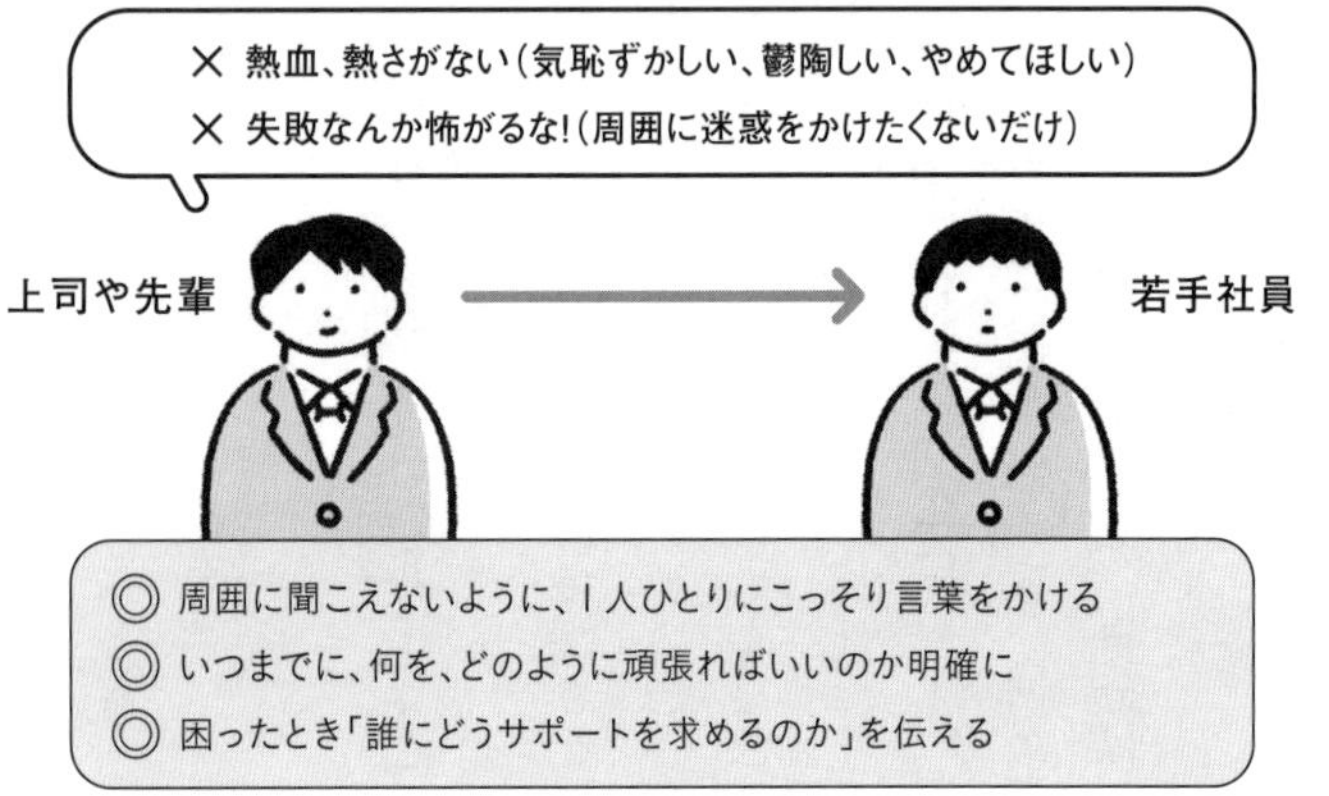
× 熱血、熱さがない（気恥ずかしい、鬱陶しい、やめてほしい）
× 失敗なんか怖がるな!（周囲に迷惑をかけたくないだけ）
上司や先輩
若手社員
◎ 周囲に聞こえないように、1人ひとりにこっそり言葉をかける
◎ いつまでに、何を、どのように頑張ればいいのか明確に
◎ 困ったとき「誰にどうサポートを求めるのか」を伝える

で明らかにしましょう。また、途中でわからなくなったり、困ったりしたときには、「誰にどうサポートを求めればいいのか」を伝えておくことで、「大丈夫だ！」の意味が理解できるようになります。

若手社員はただでさえ遠慮して質問できないのですから、困ったときの道筋も明らかにしておくことが重要です。

若手が頑張った結果もしっかりほめてあげてください。若手を勇気づけることは熱心にするものの事後のケアが手薄になる上司や先輩は多いです。

その際も、良い結果だからといって「よく頑張った！」「いいぞ！」と周囲に聞こえるような大きな声を上げてはいけません。やはり評価や賞賛も個別に伝えます。そのほうが、若手社員は素直に喜んでくれます。

若手も具体的に何が良い結果につながったのかをしっかり振り返ることで、次への自信になります。

こうした上司と若手の部下との具体的なコミュニケーションを日常から積み重ねておくことで、良好な関係性は構築できます。その結果、若手社員自身が、この人にならこの組織なら安心して仕事に挑戦できると感じるようになってくれれば、上司の思いもより伝わるようになります。

こっそりと周囲に聞こえないように、具体的な言葉を用いて若手を勇気づける

リアクションが薄いからといって声かけを止めない

若手のリアクションだけですべてを判断しない

「それなりに仕事はしてくれているけれど、内心どう思っているんだろう？」

「最近の若手社員は話しかけても反応がない」

「彼らが何を考えているのかよくわからない」


若手社員を見ていて、このように感じることはありませんでしょうか。私の管理職向け研修の事前アンケートでは、多くの管理職やＯＪＴの指導担当者から「若手のリアクションが薄くて」という声が頻出します。

仕事の指示を出したとき、仕事を教えたとき、そして日常の何気ないコミュニケーションに至るまで、とにかく若手からはっきりとした反応が返ってこないのでどう受けとめているのかがつかめないというのです。

じつは私も、若手社員を対象とした研修の中で同じことを感じています。研修の内容に対して、うなずきながら聴いているのは一部の受講者だけであり、大半はほとんどリアクションがありません。

それならと思い、場をなごませるためにちょっとしたエピソードトークを挟んでみることもありますが、若手はクスっと笑うこともなく、ニコっと表情を緩ませることすらありません。しかも、この傾向は年々強まっているように感じます。

では、話し手である私のことを若手は無視しているのか、あるいは話を聴いていないのかというと、そんなことはありません。

彼らは、リアクションは薄くてもちゃんと聴いているのです。研修後のアンケートを見ると、むしろリアクションが薄かった受講者ほど詳細に内容を理解しています。

ですから、みなさんの職場の若手社員も話はしっかり聴いているはずです。どうか彼らに声をかけることを止めないでください。

マメな声かけは若手にも伝わっている

まずは、若手のリアクションが薄い理由を理解してあげてください。

最近の若手は、昔と比べて人と人との直接的なやりとりをした経験が極端に少なくなっています。

小学生の頃から一方通行のオンラインのコンテンツを使って勉強していたり、友だちとのコミュニケーションはほとんどメッセンジャーツールを使ったりしています。

また、学生時代にちょうどコロナ禍とぶつかってしまい、自粛生活の中ですごさざるをえなかった事情も大きいです。本来であれば、友だちとワイワイ楽しみながらすごせる学生生活だったはずなのに、学校に行くこともできずオンライン授業が続きました。

しかも、顔の半分がマスクで覆われて表情がわからなかったり、オンラインによって直接的なコミュニケーションの機会を奪われたりした期間が数年間に及んだのですから、リアクションがうまくとれなくても仕方がありません。多感な時期にこの異常な体験をしたことは、大人が想像する以上に大きな影響を与えています。

リアクションが薄い若手社員への対応としては、「お疲れさま」「頑張ってるね」といった何気ない声かけからしてください。リアクションがあまり返ってこなくてもめげずに続けることで、しだいに若手も自分はチームの一員として存在を認められていると気づきます。

その際、上司の何とかリアクションをさせようという思いが強くなると、「この前の仕事はどうだった？」「何か聞きたいこととかない？」などと疑問形の言葉を頻繁にかけてしまいがちです。

何かしらの言葉を引き出したい気持ちはわかりますが、ただでさえリアクションのとり方にとまどっている若手には負担となってしまいます。焦らず急がず、自然な声かけからはじめてください。

その次のステップとして、**若手に返事と報告を習慣づける**ようにします。

仕事の指示を出したときに、「はい、わかりました」と返事をするように指導します。

ただし、上司や先輩が徹底させようとする意識が強すぎると、若手はよくわかっていなくても「はい、わかりました」と言ってしまう可能性があります。

もし若手の反応があやしいと感じたときには、上司や先輩が「ちょっとわかりづらいか

若手社員はリアクションが薄くてもちゃんと聴いている

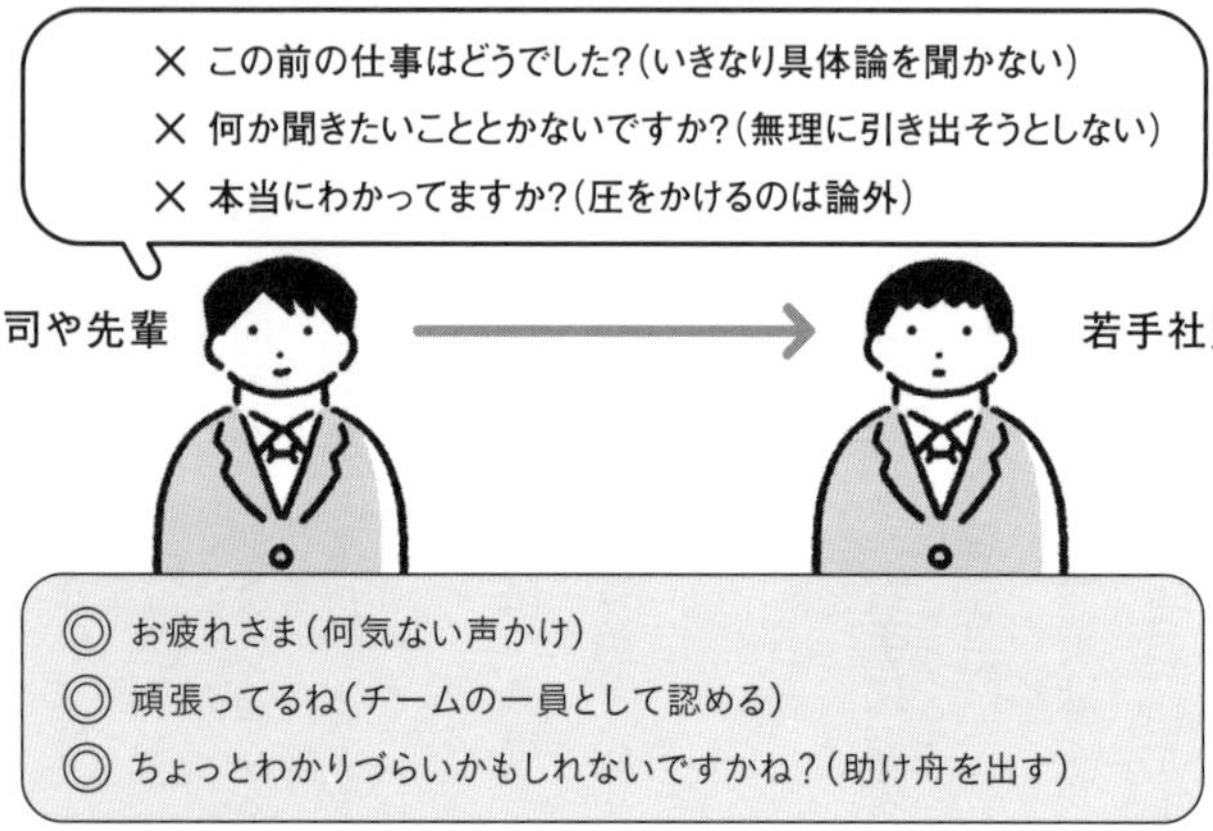
× この前の仕事はどうでした?(いきなり具体論を聞かない)
× 何か聞きたいこととかないですか?(無理に引き出そうとしない)
× 本当にわかってますか?(圧をかけるのは論外)
上司や先輩
若手社員
◎ お疲れさま(何気ない声かけ)
◎ 頑張ってるね(チームの一員として認める)
◎ ちょっとわかりづらいかもしれないですかね?(助け舟を出す)

もしれないですかね?」と助け船を出して、若手がわからないときは「わかりません」とはっきり意思表示することも促します。

くれぐれも「本当にわかってますか?」「わからないならわからないとちゃんと言わないとダメだよ!」と圧をかけないようにしてください。

若手が口では「わかりました」と言ったけれど、まったくできておらず「何で?」「何を考えているのかわからない」と上司や先輩が頭を抱えてしまうケースがよくあります。その原因は若手社員が圧に負けて、つい「わかりました」と口走ってしまうことがほとんどです。

そして若手に指示した仕事が終わったら、

きちんと完了の報告をすることも徹底させます。
そのときに、仕事の内容が指示したとおりになっているかどうかだけでなく、若手にしっかり報告すること自体も意識させてください。「仕事内容が間違っていたらどうしよう」という不安な思いから、報告が遅れたり、「さっきの仕事はどうなった？」と声をかけられるまで待ったりする若手も多いからです。

このように上司や先輩は、若手社員の背景や心情を十分に理解したうえで丁寧な対応を心がけましょう。

指導の過程において、たとえ若手の反応が薄くても絶対に否定や批判をしてはいけません。上司の言葉はしっかりと届いていますから、優しさを持って声をかけ続けてください。

若手に何気ない声かけを続けながら、圧をかけないように返事と報告を習慣づける

「後半追い込み型の仕事」をさせてはならない

「後半追い込み型」による負のスパイラル

「自分の仕事が忙しくて部下のことになかなか手が回らない」
「部下とのコミュニケーションの時間がとれない」
「だから部下の状況をほとんど把握できていない」

若手社員をしっかり育てなければならないという気持ちはあるものの、上司や先輩は自らの仕事に追われて思い通り進められないケースもあるかもしれません。これは、とくにＯＪＴの指導担当役を任された中堅社員からよく聞きます。

この原因は「新しい働き方」と「実際の働き方」のズレにあります。

今や多くの職場で「働き方改革」を実現するために、残業の削減や有給休暇の取得などが徹底されています。私が1日間の研修を行う際にも、残業になるからという理由で終了時間の厳守を念押しされる会社が増えていることからも意識の高まりがうかがえます。

ところが、「働き方改革」と言いつつも実際は社員1人ひとりの仕事ぶりが追いついていない職場が少なくありません。単純に労働時間が減らされただけで効率化が実現されておらず、上司は自分の仕事だけで精一杯で部下のことは後回しになってしまっているのです。

当然、若手社員としては、そうした「形だけの働き方改革」に大きな失望を抱くことになり、それは早期離職の原因にもなります。

彼らは、就職活動において「うちは今の時代に合った働き方を実践している会社です」という説明を聞き、希望を持って入社します。しかし、現場に配属されてみると、上司や先輩は引きつった顔でバタバタと忙しく動き回っており、職場は殺伐とした雰囲気……。

これでは若手社員は質問も相談もできるはずがありません。そして「形だけでなく、本当に中身も今の時代に合った働き方が実現されている会社はないだろうか？」と考えるようになり、スマホを使って隣の青い芝を探しはじめます。

こうした状況に陥りやすい原因として、「後半追い込み型の仕事」をする会社の風土があります。仕事のスタート時は余裕を出してのんびり構えていて、期限近くになると追い込みをかけて間に合わせる仕事の仕方です。

そのような会社に共通するのは、仕事を「時間の長さ」と「量の多さ」でとらえている点です。仕事の量は変わらないのに労働時間だけが減らされるわけですから、余裕のない仕事ぶりに陥るのは火を見るより明らかです。

その結果、上司は自分の仕事で手一杯になることで、部下への対応が後回しになってしまいます。上司が仕事を抱え込んで手一杯になり、自分への対応が疎かになっている光景を目の当たりにした若手社員が孤立し失望するのは無理もありません。

余裕を持って仕事に取り組めるための解決策

若手に無理のない働き方を実現する解決策としては、組織的な話になりますが、**「前半先行型の仕事」に切り替える**ようにします。

「緩→急」という仕事の取り組み方から、「急→緩」というペース配分に変えます。

仕事の取り組み方は「急→緩」が正解

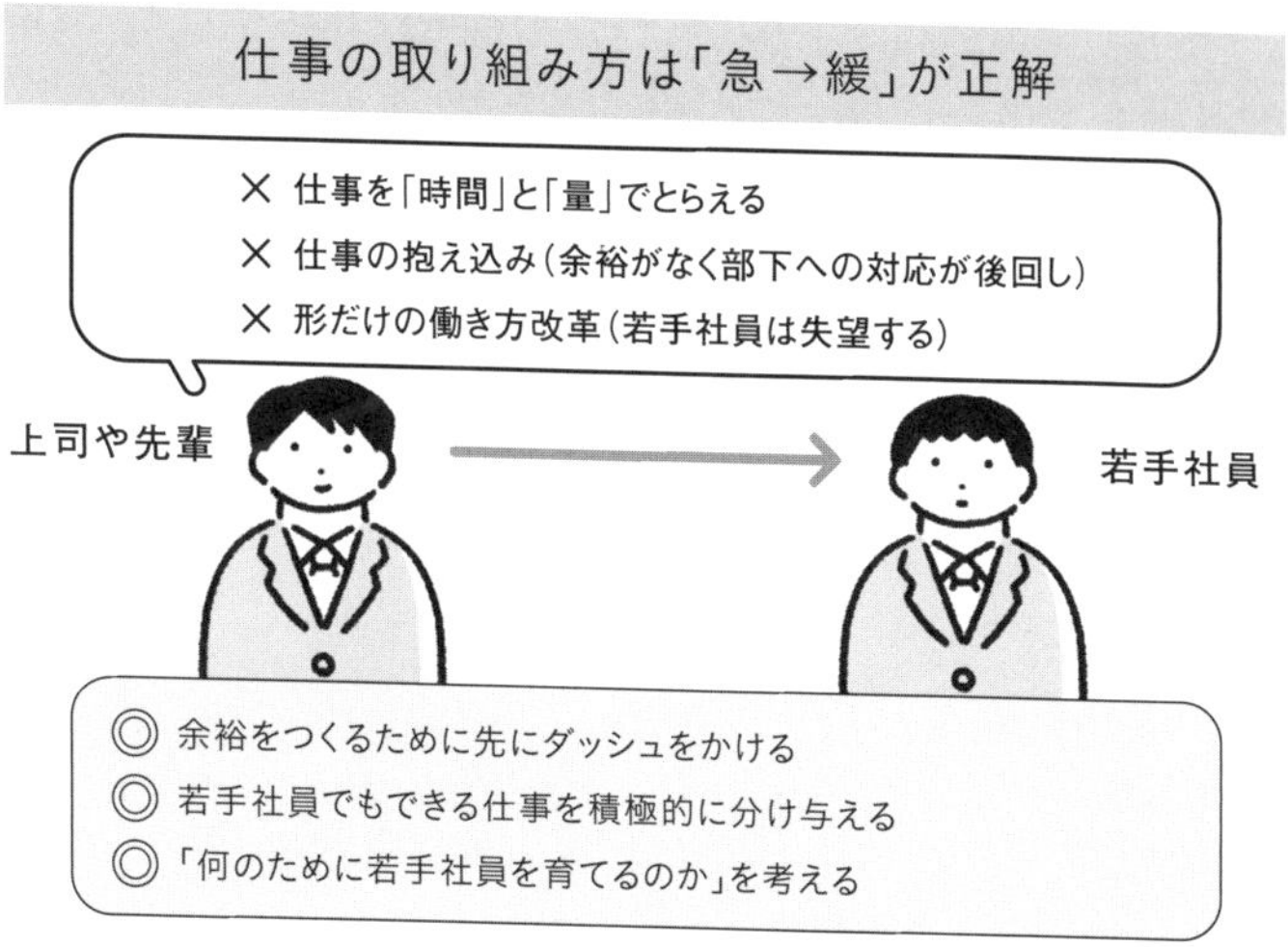
× 仕事を「時間」と「量」でとらえる
× 仕事の抱え込み（余裕がなく部下への対応が後回し）
× 形だけの働き方改革（若手社員は失望する）
上司や先輩
若手社員
◎ 余裕をつくるために先にダッシュをかける
◎ 若手社員でもできる仕事を積極的に分け与える
◎ 「何のために若手社員を育てるのか」を考える

つまり、先にダッシュをかけて期限を前倒しして仕事を終えることで、余裕をつくり出すのです。

では、ただでさえ労働時間が短縮されるなかで、仕事を前倒しするにはどうすればいいのか。上司や先輩が自らの仕事もこなしながら若手の指導もできる方法として、**若手を積極的に仕事に巻き込んでいく**というやり方があります。

自分の仕事の中で若手社員でもできる仕事を積極的に分け与え、彼らにこなしてもらいます。そうすれば自分の仕事が減らせるだけでなく、彼らへの対応を後回しにすることがなくなります。

もちろん、若手にいきなり上司や先輩レベ

ルの仕事を求めるのは酷ですが、彼らに役割を果たしてもらうことで教育や指導が実践的になるメリットもあります。若手社員からしても組織の一員として頼りにされている意識が高まり、期待に応えたいという貢献欲を満たすことにもつながります。

「何のために若手社員を育てるのか」という、そもそもの目的は上司や先輩の仕事をいずれ若手もできるようになることです。それなのに若手をまだ経験がないから、経験が浅いからと「まだ早い」「できない」と決めつけてしまう会社が少なくありません。

しかし、上司や先輩の仕事を通した教育や指導が効果的であれば、若手社員がどんどん仕事をこなすようになり、さらに上司や先輩の仕事にも余裕が生まれて効率化が加速します。前半先行型の仕事を実践することは、そうした好循環を生み出すために不可欠な取り組みなのです。

「前半先行型」の仕事の仕方で質を高める取り組み方を実践する

プライベートな話題から若手と仲良くなろうとしない

無理に若手に話題を合わせようとすり寄らなくていい

上司世代と若手社員の間には、いろいろと違いばかりが目立ちます。とはいえ、同じ職場で一緒に仕事をするわけですから、お互いについて知ることはとても大切です。

上司や先輩は、若手について少しでも理解できれば、仕事上でのコミュニケーションに活かせるでしょう。

ただ、上司や先輩が若手とのコミュニケーションでついやってしまいがちで、注意してほしいのは休憩時間や移動中などにプライベートな話題から入ろうとすることです。

「趣味は何なの？」「休みの日は何をしてすごしているの？」「スポーツは何かやるの？」

「お酒は飲むの？」などが定番のネタとして挙げられます。

しかし、若手とプライベートな話題から仲良くなろうとするのはやめてください。

上司や先輩にプライベートなことを話したくないと思っている若手は少なくありません。若手は内心、上司や先輩からそんな質問もされたくないですし、「そもそも仕事に何の関係があるのか？」と思っています。

また、最近の若手は、当たり障りのない雑談や社交辞令といった表面的に話を合わせることが苦手です。上司や先輩の言葉を真面目に受けとめ、たとえ仕事以外の話題であっても詳しく正確に答えなければならないと考える傾向にあります。

したがって、若手にプライベートな質問をしてしまうと、詳しく知りたがっているという嫌悪感を持たれることになりかねないのです。

また、今の時代、若手社員には「飲みニケーション」というのも通用しません。

上司や先輩と一緒に飲みに行くというのは、勤務後は自分のために時間を使いたい若手の意に反するからです（上司や先輩と飲むのを好む若手も中にはいますが、昔のように多数派ではないでしょう）。

昔と今の若手とのコミュニケーションの違いのわかりやすい例として、マンションやオフィスのセキュリティをイメージしてください。昔は飛び込み営業が簡単にできたほど心理的にも空間的にも出入りが自由でした。ところが今は、万全のセキュリティで入口すら入れません。プライベートな話題に対する若手社員の意識もこれと同じように考えてください。若手社員は若手同士での情報交換であればSNS感覚で活発に行いますが、そのエリアに年長者が介入してくることに大きな違和感を持ちます。

若手と上司の共通言語は「仕事の話」や「時事ネタ」でOK

ではいったい、どうやって若手社員と打ち解ければいいのか。職場での関係性づくりなので、**仕事の話題**で十分です。

とくに、若いうちは身につけなければならない知識やスキルも多いですし、はじめて経験する業務も多いはずです。それに伴って、若手は不安や心配も多くなるはずですから、上司や先輩から声をかけてその解消に努めてあげるのが一番です。

上司たちからは「休憩時間にまで仕事の話を持ち出すのは堅苦しくて休めないのではないか？」という声も聞かれますが、声のかけ方を工夫すれば雑談として成立します。

プライベートの話をして仲良くなろうとするのは古い固定観念

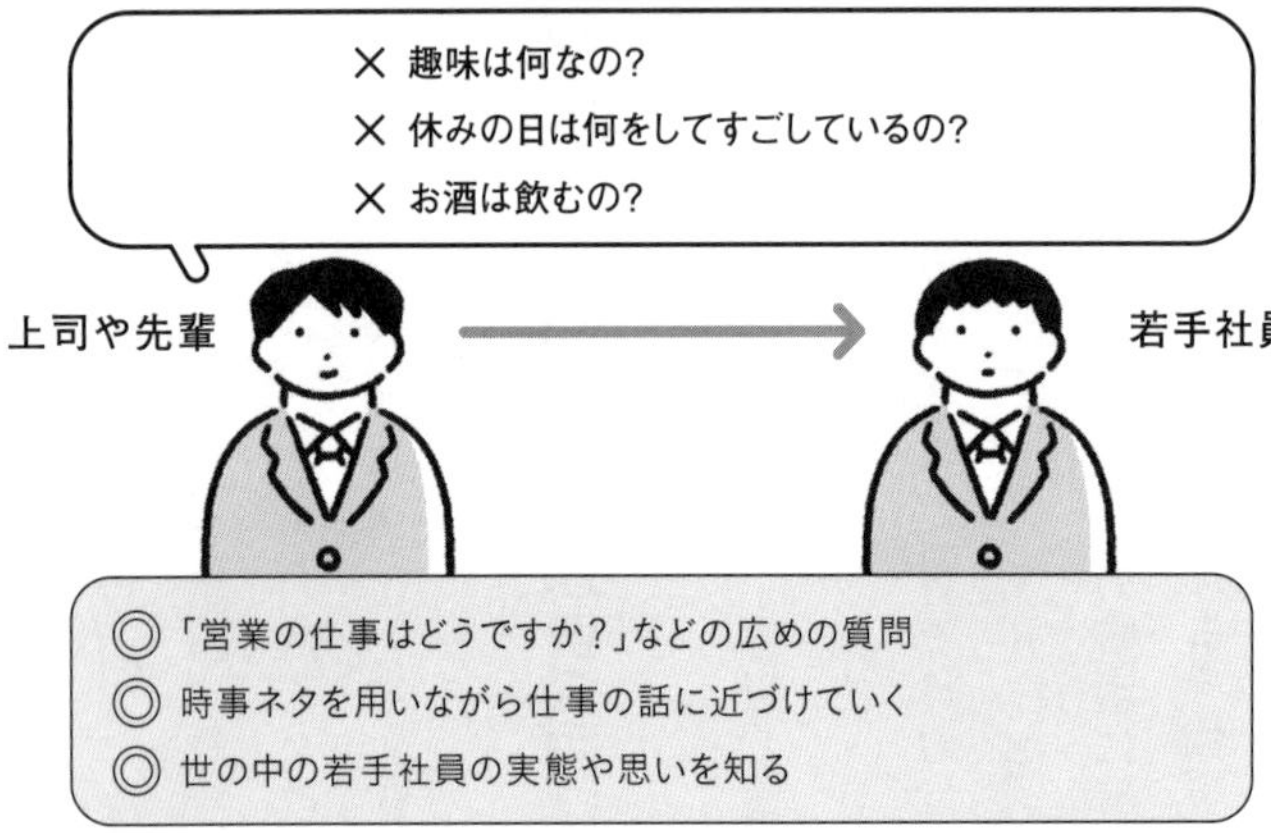
×　趣味は何なの?
×　休みの日は何をしてすごしているの?
×　お酒は飲むの?
上司や先輩
若手社員
◎「営業の仕事はどうですか?」などの広めの質問
◎ 時事ネタを用いながら仕事の話に近づけていく
◎ 世の中の若手社員の実態や思いを知る

たとえば、「見積書の書き方はできるようになった?」「業務マニュアルはどこまで覚えた?」といった聞き方だと、どうしても業務の確認っぽくなってしまいます。そこで、「営業の仕事はどうですか?」「いろいろなお客さんがいませんか?」といったようにざっくばらんに広めの質問をするようにします。

そうすれば、それほど堅苦しくなく同時に若手社員の思いを引き出すこともできます。

また、**時事ネタ**を用いながら仕事の話に近づけていく方法も効果的です。

たとえば、ネットニュースでは若手社員に関する話題が多く見られます。「今どきの若手社員は出世を望んでいない、管理職になりたがらない」という話題について、「実際はみんなどう思っていますか?」と質問してみるのです。そうすれば、世の中の若手社員の実態を通して若手の思いを知ることもできます。その際に、くれぐれも「君は?」と1人に限定せずに、「今の若い人は?」と一般的な傾向に話を広げるような配慮も忘れないでください。

最初は、上司や先輩から話す時間のほうが長くなるかもしれませんが、自分のために話してくれる人には信頼を覚えるというのも最近の若手社員の生真面目な一面です。

このようにプライベートな話題に触れなくても、彼らと打ち解ける方法はいくらでもあります。ぜひ今の時代に合った新しいコミュニケーションスタイルを身につけてください。

若手と業務や時事ネタについてざっくばらんに語り合うことで十分仲良くなれる

若手社員の前で否定的な主観を晒してはならない

上司のちょっとした悪態を若手は他人事と思わない

私が講師を務めた、ある新入社員研修で印象的な経験をしたことがあります。

午前中は全員が集中力を持って取り組んでいたものの、午後のパートがはじまってから30分ほど経過すると眠気に襲われている受講者が多数見られてきました。

そこで、私は余談として1つの話をしました。

「人に物事を伝えるためには共感が重要だ」ということを説明するために、若者によく知られている2組のお笑いコンビを例に挙げました。

コンビAは正統派の漫才でわかりやすいネタを武器にトーナメント形式の番組で歴史的

な高得点で優勝しました。コンビBも同じ番組で優勝しましたが、正統派というよりもしらけた雰囲気を逆手に取ったスベリ芸を売りにしており、私としてはあまり笑えない漫才という印象を持っていました。

そして、コンビAが笑える要因は、ネタの設定やキーワードが日常的で身近なものが多く誰もが共感できるからであり、コンビBはその真逆なのでまったく笑えないという話をしました。

あくまでも午後の眠気覚ましの余談として、多少は研修のテーマに関連する事柄について気軽に話しただけでした。期待通り、受講者の半開きの目が大きくなり、私はひと呼吸入れた効果はあったという認識でいました。

しかし、事後のアンケートで驚愕の事実が待ち受けていました。

「研修の内容と説明はとてもわかりやすくいろいろな学びはあったが、お笑いの話は受け入れられなかった。お笑いは個人の趣味があり、コンビBが好きな人もいると思うので講師が一方的に決めつけるのはいかがなものか」

このように記載をしたうえで、講師の評価「1点」と最低点をつけた受講者が30人中3人いました。実際に訴えてきた受講生は1割でしたが、同じように抵抗感があったのは半数以上だったかもしれないと思いました。

最近の若手社員は「嫌い」「苦手」「ダメ」というネガティブな表現に抵抗感を持つ傾向があるのです。こうした傾向は、ここ数年の若手社員のみに見られるものであり、5年前や10年前にはありませんでした。

上司が何気なく使う表現に、その人格を感じてしまう

若手社員の前では、人や物事に対して「嫌い」「面白くない」といったストレートな否定的な表現は使わないようにしてください。

相手が上司や先輩なので、若手は私の研修のアンケートのようにはっきりと異を唱えることはせず、心の内側だけで密かに嫌悪感を抱くことになります。

ちょっとした冗談のつもりが、彼らに抵抗感を持たれることで仕事でのコミュニケーションに支障が出てしまうのは、じつにもったいない話です。

主観に基づくネガティブワードはご法度！

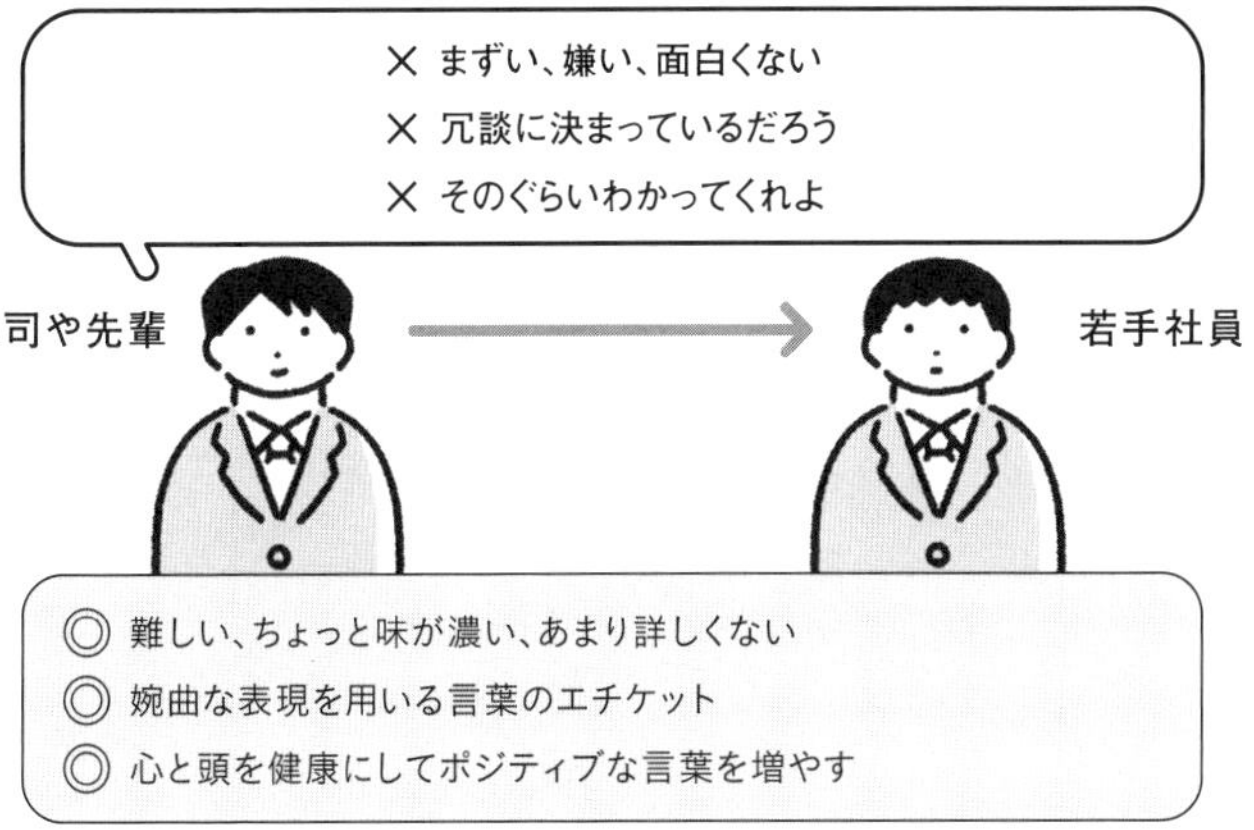
× まずい、嫌い、面白くない
× 冗談に決まっているだろう
× そのぐらいわかってくれよ
上司や先輩
若手社員
◎ 難しい、ちょっと味が濃い、あまり詳しくない
◎ 婉曲な表現を用いる言葉のエチケット
◎ 心と頭を健康にしてポジティブな言葉を増やす

「そんなこと本気で言うわけがない、冗談に決まっているだろう」と、昔ながらのフィーリングのまま歩み寄りを期待しても、若手社員には理解されないと認識してください。

では、どうやってネガティブな内容を上手に伝えるか。表現方法にひと工夫を加えてみてください。食べ物についても「まずい」ではなくて「私にはちょっと味が濃いかな」と婉曲な表現を用いる言葉のエチケットです。「嫌い」は「ちょっと難しい」に、「面白くない」は「あまり詳しくない」などという言い方にするだけでもマイルドになります。

一方、**若手に歓迎されるのは「好き」「楽し**

い」「有意義」「賛成」「美味しい」という肯定的な表現です。

自分の好みや主張を変える必要はありませんが、言い方をちょっと工夫するだけで自然とポジティブな言葉が増えてきます。そのほうが若手にとって心地良いことはもちろん、上司自身も幸せな時間が増えるようになります。ぜひ一度、ふだんの表現方法についてチェックをしてみてください。

好き、楽しい、有意義、賛成、美味しいといった
肯定的な表現を増やそう

昔のチョイ悪な武勇伝を自慢してはならない

上司は武勇伝で尊敬を得たいつもりが逆効果

「深夜残業が続いたうえに休日も出勤してフラフラになって仕事をしたもんだよ」
「明け方まで酒を飲んだ後にシャワーと着替えだけ済ませて出勤したもんだよ」
「二日酔いがつらくて、外回りの仕事中に車の中で昼寝をしたこともあったな」

こんなことを得意げに話す上司を見かけますが、絶対にやめてください。上司はウケを狙って話したつもりでも、若手社員には面白くもおかしくもありません。
たとえ「今じゃ考えられないけどさ……」という言葉をつけ加えたとしても、若手に引

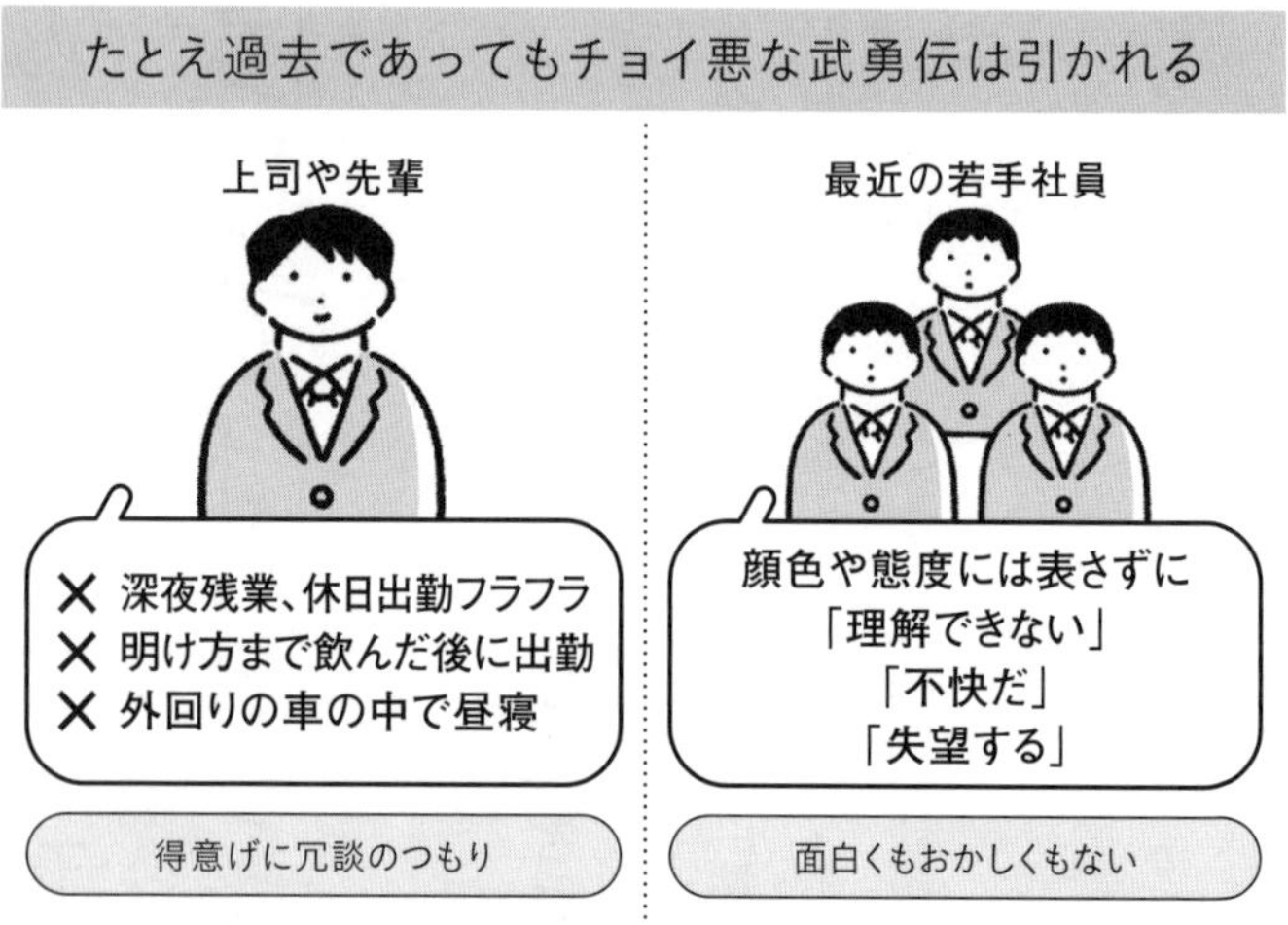
たとえ過去であってもチョイ悪な武勇伝は引かれる
上司や先輩
✕ 深夜残業、休日出勤フラフラ
✕ 明け方まで飲んだ後に出勤
✕ 外回りの車の中で昼寝
得意げに冗談のつもり
最近の若手社員
顔色や態度には表さずに
「理解できない」
「不快だ」
「失望する」
面白くもおかしくもない

かれてしまいます。

まず、昔と今では社会の風潮が大きく変わっていることを認識してください。

上司が気軽な冗談のつもりで話したことが、かえって若手社員との心の距離を大きくしてしまい、その後のコミュニケーションに悪影響を与えかねません。

最近の若手に特有の傾向として、顔色や態度には表さずに「理解できない」「不快だ」「失望する」といったネガティブな感情を抱きます。

よくテレビでタレントが「引くわー」などと叫んでいますが、これは自分が引いていることを言葉にしているのでわかりやすいです。しかし、最近の若手の場合は、自分が引いている状態にあることを外部に表すことなく、無言のうちに遠ざかっているので気づきづらいのです。これも上司や先輩が「若手社員が何を考えているかわからない」と感じる一因です。

「だったらはっきりと言ってくれればいいのに」「言葉にして言ってくれなきゃわからないじゃないか」と上司や先輩たちから、こんな言葉を聞くこともあります。

しかし、相手が上司や先輩という年長者となれば、彼らがはっきりと反応を示すことはまずありません。だからこそ、上司は自ら余計な一手を打たないためにも、最近の若手の心理を理解する必要があるのです。

悪いことができない環境の中で育った若手社員に引かれないようにする

若手社員を変えるのではなく、上司が変わらなければならない

若手のことがわからない原因は、本当に若手にあるのでしょうか？

「まったく最近の若者はよくわからない」

これは今にはじまったことではなく、昔から年長者は若者に対してこのような言い方をしてきました。しかし、こうした従来からの若い人に対するとらえ方は、見直す必要があります。

たとえば、そもそも「若手社員を動かしたい」「若手社員をやる気にさせたい」と考える

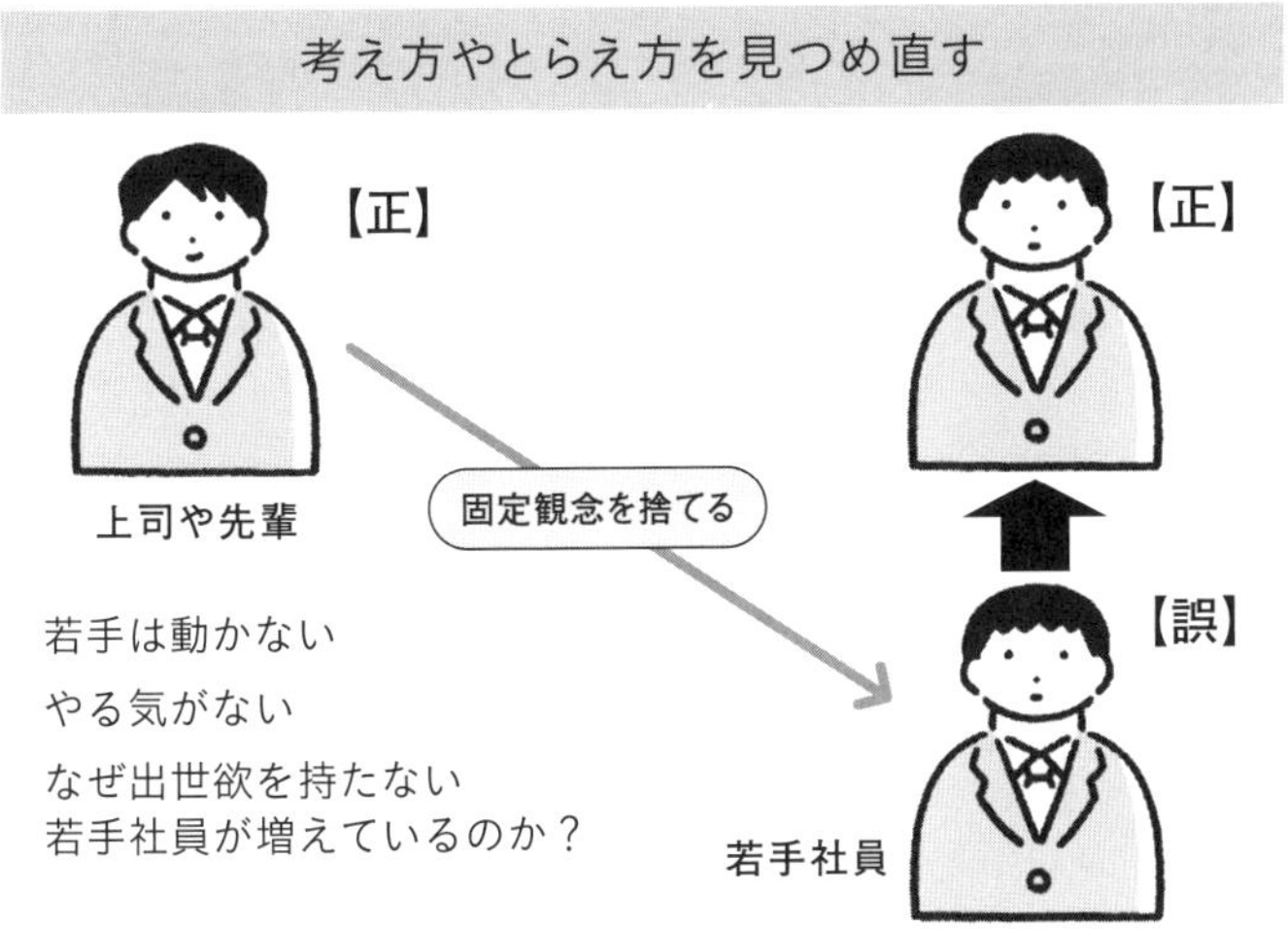
考え方やとらえ方を見つめ直す
【正】
上司や先輩
固定観念を捨てる
【正】
【誤】
若手は動かない
やる気がない
なぜ出世欲を持たない
若手社員が増えているのか？
若手社員

こと自体、その裏側に「彼らは動かない」「やる気がない」という意味を含んでいます。これは、年長者である自分たちが「正」であって、若年者は「誤」であるという一方的な決めつけであり、いわば固定観念です。

視点を若手サイドに移せば、**「もしかしたら自分たち上司側にも誤りがあって、彼らのほうが正しいこともあるかもしれない」**とも考えられます。

仕事についても、若手の視点になって考え直してみる必要があります。

なぜ出世欲を持たない若手社員が増えているのでしょうか。あれこれと悩みごとを抱えて心身ともに疲弊するぐらいなら管理職なんかまっぴらごめんだと彼らが思っているのは、そんな上司や先輩の姿を見ているからではないでしょうか。

若手社員を変えようとする前に、上司や先輩が変わらなければならないのです。上司が日々の仕事に夢や喜びを感じながら取り組むことで、将来は人の上に立って組織を引っ張るリーダーになりたいと考える若手社員がきっと増えてくるはずです。

日頃から若手社員が理想としたい組織のあり方や仕事への取り組み方を体現する

第3章

若手社員は「肯定」と「言語化」で自ら動き出す

若手社員には「言語化」と「客観性」で丁寧に教える

若手が聞きやすい環境をつくるためにも、上司は言語化して説明すること

「つべこべ言わずにやることやって」
「黙って言われたとおりにすればいいから」

昔の上司や先輩はこんなことをよく言っていました。その結果、受動的な指示待ち人間が大量に生み出されて、組織も硬直化しました。

部下に何も言わせないようにする上司は、自分に伝えるスキルがないと言っているよう

なものです。だから、気合や根性を強要するようになってしまうのです。

しかし、今の時代には通用しません。上司や先輩は、**しっかりと言語化をして若手社員に説明するスキル**が求められます。

若手社員に能動的に動いてもらいたいと思うならば、1つひとつの仕事について目的ややり方をしっかりと言葉で伝え、納得してもらうことが前提となります。

したがって、若手社員につべこべ言わせないのではなく、つべこべ言わなくても済むようにわかりやすく丁寧に説明しなければなりません。**若手を黙らせるのではなく、疑問や不明点があれば積極的に発言することを歓迎して、明確な言葉で応えていく**のです。

「上司によって教え方が違うので迷ってしまう。統一してほしい」

若手社員から、社内での指導に対してこんな不満もよく聞きます。

ある先輩は「時間をかけてでも慎重にやりなさい」と言う仕事を、別の先輩は「そんなのに時間をかけないで、さっさと終わらせて」と言ったそうです。

会議資料をつくったところ、直属の上司から「枚数も文字数も多すぎるからもっとシンプルに」と言われて修正したのに、別の部署の上長から「こんなスカスカの資料じゃ仕事と呼べない」と内容も把握せずに言われたそうです。

相手によって教わる内容が違っていては、若手社員は迷ってしまいます。結局どうすればいいのかがわからないまま右往左往させられては、自発的に動くためのモチベーションなど保てるはずがありません。

上司や先輩が言語化力を身につけなければならないのは、指導の仕方に客観性を持たせるためでもあります。それには、まず上司や先輩は日頃から1つひとつの仕事について正しい知識を整理しておくと同時に、どのような言葉を用いてどのような順序で教えればわかりやすくなるかを意識して、社内で共通の認識にしてください。

「何のために、この仕事があるのか？」を理解できると、若手の動き方が変わる

最も重要となるのが**「仕事に求められる価値」**です。

たとえば「仕事に求められる価値」として、「信頼」「正確性」「速さ」「わかりやすさ」とい

上司、先輩が身につける言語術

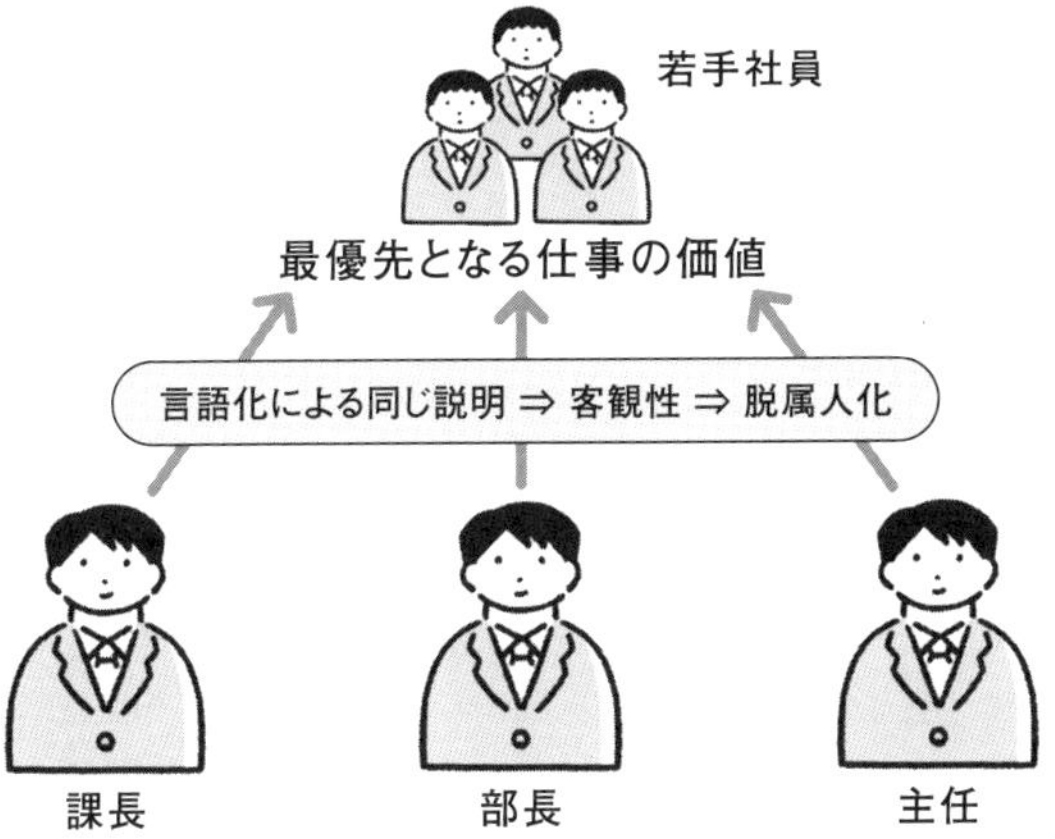
若手社員
最優先となる仕事の価値
言語化による同じ説明 ⇒ 客観性 ⇒ 脱属人化
課長
部長
主任

ったことが挙げられます。もちろん、多くの仕事にもこの4つの要素は必要となりますが、その中で最も優先されるべき価値は何なのかを絞り込んで理由とともに若手に教えるようにします。そうすれば、若手社員にとっても「仕事に求められる価値」が定まってきます。

さきほどの会議資料の作成を例にすると、「重要なのはシンプルでわかりやすいことです。なぜなら受け取る相手は何が言いたいのかを素早く理解したいと考えるからです。枚数も文字数も多いと最初から読む気がなくなってしまいます」と明確に伝えます。

何のための誰のための仕事なのかという「仕事に求められる価値」を教えることで、

彼らの頑張りを正しい方向に向かわせることができます。

「仕事に求められる価値」を理解すると具体的なやり方はおのずと導き出されるはずですから、若手社員も自分で考えることができます。

上司や先輩の中には、自分が教えたことは部下に必ず伝わるはずだと思い込んでいる人が少なくありません。しかし、部下の理解が良くない場合、上司や先輩の伝え方に問題があることも多いのです。

自分の伝え方が本当にわかりやすいのか。慢心せず、相手が理解できてはじめて「伝わった」ということを忘れないでください。

若手に「仕事に求められる価値」を伝えることで、自分がやるべきことが明確になる

タメ口ではなく、部下にも丁寧語で話す

言葉づかいで上下関係を示す必要はない

以前、上司と部下とのこんなやりとりを目撃したことがあります。

課長「おいおい、おまえに先週指示したデータの件はどうなった？　明日までにはちゃんと用意しろよ！　大丈夫だよな？」

部下「はい、大丈夫です！　明日提出できます！」

何気ない職場でのやりとりかもしれませんが、大きな問題があります。それは**言葉づか**

いです。

この上司のような言葉づかいをしていると、権力的な上下関係をつくり出してしまいます。その結果、部下は上司からの指示や命令に一方的に従う受動的な姿勢をとらざるを得なくなります。

また実態はさておき、言葉づかいから上は優れていて下は劣っているという構図になりやすく、部下に萎縮や遠慮といった気持ちを抱かせてしまいます。それが、最近の若手社員が上司や先輩になかなか質問や相談できないことにもつながっています。

さらに、ぶっきらぼうな口調だと、若手に仕事を教える際にどうしてもきつい言い方になりがちです。上司にはその気がなくても「ちゃんと用意しろよ！」「大丈夫だよな？」といった声のかけ方をしていると、部下にパワハラと思われてしまう危険性もあります。

そこで、言葉づかいから変えます。具体的には、**上司は部下に対しても丁寧語を使ってください。**

まれに勘違いをする人がいますが、お客様に使うような尊敬語や謙譲語を使うわけではありません。あくまで「です」「ます」「してください」「しましょう」という丁寧な言葉づかいにします。

冒頭の例で言うと、「データの件はどうなった?」「大丈夫だよな?」ではなく、「どうなりましたか?」「大丈夫ですか?」という言い方にします。

また、「ちょっといいですか?」「今時間ありますか?」と部下の都合に配慮を示す言葉をかけると、より丁寧な対応となります。

呼び方や口調ひとつで、相手に対する態度がわかる

若手社員の呼び方にも気をつけましょう。じつに基本的なことですが、意外にも見落とされているケースが目立ちます。

今の時代でも、まれに上司が若手を「おまえ」「おまえら」などと呼び捨てている光景を目にすることがありますが、これは論外です。若手社員を家来か奴隷のように扱っているとしか思えませんから厳禁です。

では、どう呼ぶか。若手に声をかけるときには「斉藤さん」「鈴木さん」と必ず名前で呼ぶようにしてください(会社によっては「くん」づけ、ニックネームで呼ぶケースもあるかもしれません)。そして、若手社員全体に呼びかけるときには「みなさん」という言い方にします。

言葉づかいで態度は見透かされる

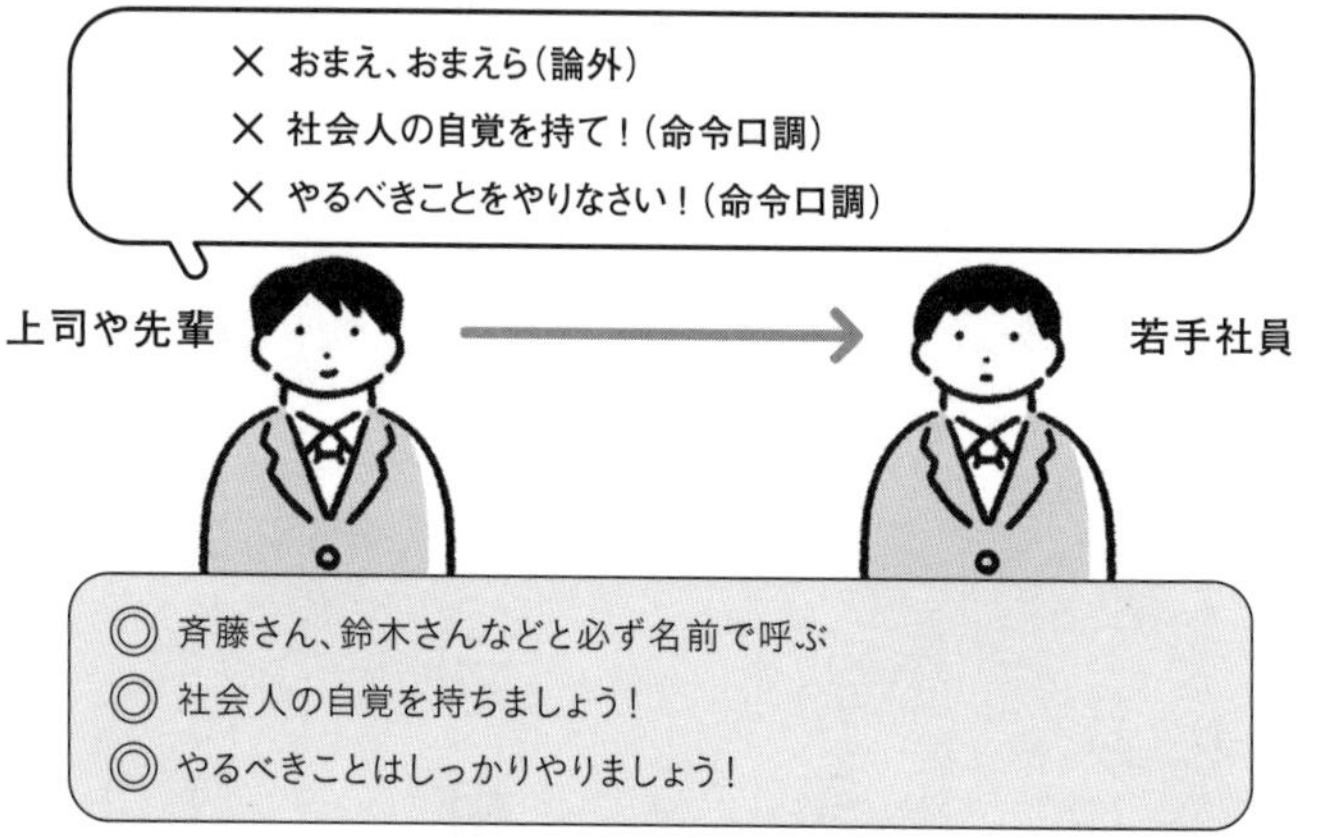
× おまえ、おまえら（論外）
× 社会人の自覚を持て！（命令口調）
× やるべきことをやりなさい！（命令口調）
上司や先輩
若手社員
◎ 斉藤さん、鈴木さんなどと必ず名前で呼ぶ
◎ 社会人の自覚を持ちましょう！
◎ やるべきことはしっかりやりましょう！

第一声に気を配ることで、自然とおだやかな口調で物事を伝えることができるようになります。

また、命令口調で言わないように意識することも大切です。

上司から若手への「社会人の自覚を持て！」「やるべきことをやりなさい！」といった吐き捨てるような言葉からは、若手社員と協働する意識など微塵も感じられません。

では、どう伝えるか。「社会人の自覚を持ちましょう」「やるべきことはしっかりやりましょう」と同じ仲間として呼びかける言葉を使うと、彼らを信頼しているという思いも伝わります。

社会人として成長してもらいたいわけです

から、若手社員を1人の大人として扱わなければなりません。言葉の入りとして呼びかけ方や語尾に気を配ることだけでも、若手に冷静かつおだやかに接することができるようになります。

言葉づかいひとつで、品性のある職場に変わります。若手社員の萎縮や遠慮がなくなり、質問や相談が活発になってきます。あからさまな主従関係が解消されることで、若手社員を1人の人間として認める適切な距離感が生まれます。

「です」「ます」「してください」「しましょう」で品位のある職場を目指す

丁寧に言い換えるトレーニング

同じ内容でも、伝え方が違うと……

部下に丁寧語で話すことについて、実際のケースでも見てみましょう。
まず、若手社員の仕事に対して苦言を呈す場合です。ミスや失敗を目にして、こんな言葉が口をつく上司もいます。

おまえ何だよ！　これが御礼状かよ！　汚ねぇ書き方だなー
こんなの自分がもらったらどう思うか考えろよ！
これじゃあ、相手のこと考えて仕事してないだろ！

こんなの出したら二度とうちで買ってくれなくなるぞ！　もう一度やり直し！

よほど汚い書き方で、とてもお客様に渡せる状態ではなかったのでしょう。事の重大さを伝えるべく厳しく指摘したのかもしれませんが、それでは若手社員には真のメッセージは伝わりません。

一方、丁寧語を使うと、同じような内容でも次のようになります。

これでは字が汚くて受け取ったお客様が不快に思いますので、御礼状として提出できません。もう一度きれいに書き直してください。
お客様はたった1枚の御礼状の書き方からも信頼を感じて、また次もこのお店で買いたいと思うものです。ですから、きれいな字で丁寧に書くことも大事な仕事の1つです。
字の上手い下手はどうしても人によって差が出ることですが、自分が受け取ったときのことをイメージしながら丁寧に書いてください。

このような言い方をすると、感情的にならずに部下の至らない点を冷静かつ客観的に指摘することができます。また、なぜダメなのかという理由を具体的に説明しながら、どうしなければならないのかを論理的に伝えることができます。

それでは、次のようなケースはいかがでしょうか。これも丁寧語を使ったら、どのような言い方になるか考えてみてください。

おい、これ計算が違ってるじゃねーかよ！
これ大事な書類だぞ、おまえわかってんのか？
一度出したら後から変えられないんだぞ！「間違ってました」とか言えないぞ！
この金額が売上や利益になって、それがおまえの給料にもなってるんだぞ！
こっちはそもそも項目が違ってるじゃねえかよ！わからなかったら聞けよ！

いかがでしょうか。さきほどの例よりも、さらに厳しい口調になっています。
確かに見積書の金額や項目を間違えるというのは大問題ですから、その緊張感を伝えようとしているのかもしれません。上司の指摘自体は正論で何も疑う余地はないのですが、やはり物言いが今の時代に合っていません。これでは、パワハラだと訴えられる危険性すらあります。では、丁寧語を用いて言い換えてみます。


はい、ここの金額が間違えていますので、もう一度つくり直してください。

見積書は、とても重要な書類なので細心の注意を払わなければなりません。

見積書にかぎらず、会社の印鑑を押して社外に出す書類は一度提出したら変更できません。

しかも、この金額は会社の売上や利益になって、最終的には自分の給料にも反映されるものですから、その自覚をもって取り組んでください。

それから、こちらは記載する項目がそもそも間違えています。調べ方はわかりますか？

もしわからなかったら遠慮なく私に質問してください。

このような言い方にすれば、仕事の重要性やミスによる影響について客観的に説明しながら、至らない点をしっかりと指摘することができます。

大事なことだからこそ感情的にならずに、言語化によって丁寧に教えることが結果的には若手社員のためになります。

丁寧語のほうが、部下の至らない点を
冷静かつ客観的に指摘できる

「大丈夫！」と簡単にまとめない

根拠のない「大丈夫！」は伝わらない

上司の**言語化力**と**説明力**は、日常の何気ない声かけにも求められます。
たとえば、若手社員が新しい仕事に臨む際に不安そうな場合、こんなふうな声かけをしていませんか？

「大丈夫！　君ならできる！」

背中を押すポジティブな言葉ですが、それで若手社員の気持ちが前向きになるとはかぎりません。

では、どんな声かけが適切か。「君なら」という個人的な要素に結びつけないように注意してください。ほかの若手社員の中で自分だけがという本人のプレッシャーにもつながってしまい、集団の中であまり目立ちたくない彼らの思いにも反してしまいます。

具体的なサポートのイメージが湧くと若手も安心する

まず、「大丈夫！」の具体的な根拠を考えてみます。ポイントは**「サポートと時間の約束」**です。

若手社員にとっての安心材料は、上司や先輩のサポートです。わからないことやできないことがあれば、わかるまで、できるまで何度でも教えることを約束します。

このときに、上司や先輩の予定も一緒に伝えるようにします。「上司に質問したいときにいなかった」「先輩はとても忙しそうだけれど、今、質問しても大丈夫かな？」という不安を抱える若手社員も多いからです。質問にどうしても対応できない時間、会議で席を外す時間、あるいは外出する時間などを伝えておくと、彼らは安心できるでしょう。

プレッシャーをかけすぎない声のかけ方

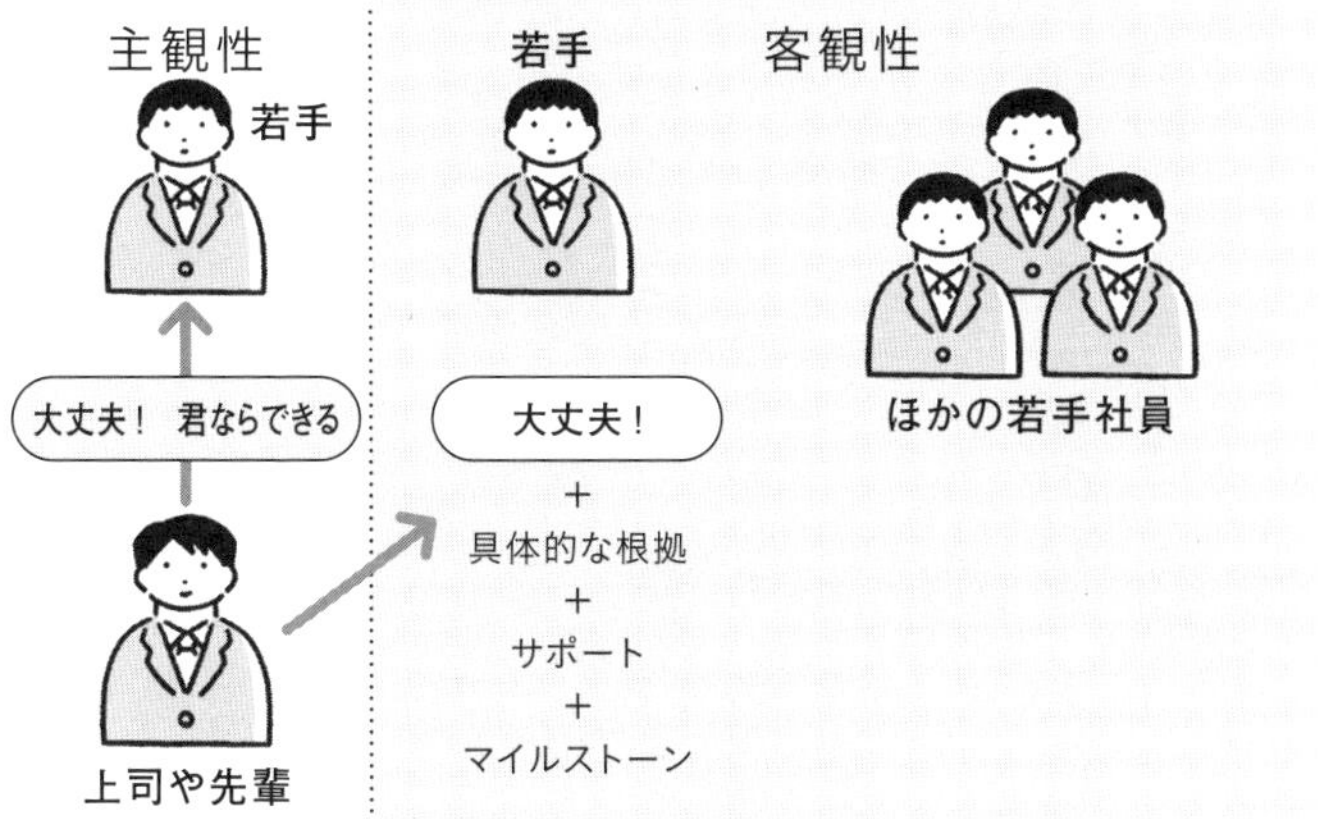
主観性
若手
大丈夫！　君ならできる
上司や先輩
若手
客観性
ほかの若手社員
大丈夫！
＋
具体的な根拠
＋
サポート
＋
マイルストーン

進捗を確認する時間をあらかじめ決めてしまうのもおすすめです。

「1時間後に進捗の状況を確認するので、まずは自分なりに取り組んでみてください」などと、若手に約束しておけば、その時間まではお互い自分の仕事に集中できますし、彼らも小刻みに上司や先輩の様子を気にせずに済みます。

このアプローチは、とくに何もかもがはじめてだらけの新入社員に効果的です。上司や先輩は自分の仕事だけではなく、若手社員の仕事に気を配ることも必要になってきますから、とくに1年目で不安が大きい時期に適しています。

また、**仕事を複数のステップに分解してマ**

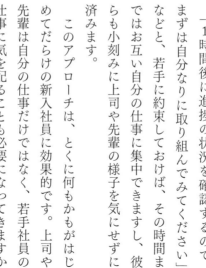

イルストーンを設定する方法もあります。

「まず数だけをしっかり合わせて」「次に金額をしっかり合わせて」「最後にわかりやすい説明文を書いて」といったように一気にすべてをこなすのではなく、小さなゴールを設定すると無理なく取り組むことができます。


このように具体的に言葉にすることで、若手は安心して仕事に取り組めます。「大丈夫！」というたったひと言の裏側にも言語化する要素はいくつも存在するのです。

「こんなことまでいちいち説明しないといけないのか！」という上司からの声もよく耳にしますが、**こんなことをいちいち説明するのが言語化力**です。気合や根性の声かけでやりすごしていた、昔ながらの風土と決別するためにも必要な取り組みです。

「なぜ大丈夫なのか？」という具体的な根拠を示すことで言語化を習慣させる

若手社員の「疲れた」「厳しい」という言葉を軽く受けとめてはいけない

若手の発する、ちょっとしたひと言を見逃さない

基本的な仕事ができるようになり、その調子で頑張ってほしいと思っているときにかぎって、意外な言葉をつぶやくのが若手社員というものです。

若手から「疲れた……」「厳しい……」という言葉をよく聞くようになったら要注意です。「何を言ってるんだ！」「若いんだから大丈夫だよ！」。こんな言葉で安易に一蹴しないようにしてください。

最近の若手社員は、閉塞感の漂う鬱々とした世の中において、常に失敗できないという

プレッシャーを抱えながら生きています。したがって、彼らがいくら若いからといって「疲れた……」「厳しい……」という声は、決してオーバーなものではありません。

また、若手をそのまま放置してしまうと、心身に支障を来たす事態を招く可能性があることを上司や先輩は頭の隅に置いておく必要があります。

「何も聞いてくれなかった……」「何もしてくれなかった……」という上司や先輩への不満を残してしまうと、いずれは組織への失望につながることすらあります。

まず気持ちを受けとめて、どうすればいいかを一緒に考える

ここでも、上司や先輩は言語化力と説明力を発揮する場として若手に丁寧な対応を心がけるようにしてください。

まずは、若手に「何も聞いてくれなかった」と言われないための対応です。「何をして疲れたのか？」「どれぐらい疲れているのか？」「何をどのように厳しいと感じるのか？」といった点について、話を聞く時間と場を設けるようにします。

その際、原因を突き止めて解決しようという意識が強すぎると、「なぜ？」「どうして？」

と問い詰める口調になってしまいます。彼らに逆にプレッシャーを与えることのないように、あくまで現状を聞くだけにしてください。

そして、しんどい若手の代わりに上司や先輩が無条件に仕事を引き受けることがないようにもしてください。ごちゃごちゃ言われるぐらいなら自分がやったほうが早いとの理由から、上司や先輩が先走って動いてしまうという話をよく聞きます。しかし、それでは目の前の仕事の状況は変わっても、若手社員の状況は何も解決されません。

若手社員が抱えている現状の問題を解決すべく、しっかりアドバイスをするのが上司や先輩の役割です。

若手社員が「疲れた……」「厳しい……」と言うときは、**仕事が効率的に進められない、仕事を効率的にするための方法がわからない、**この2点が組み合わさっていることが多いです。

若手は目の前に複数の仕事があった場合、先読みして手順を組み立てることにまだ慣れていません。そのため上司や先輩から指示された順、あるいは単純に気になった順に取りかかってしまいがちです。その結果、時間を効率的に使えずに焦りや疲れにつながります。

もちろん、これらは経験不足のうちは仕方のないことです。そこで、仕事を性質上から3つに分類して手順を組み立てるアドバイスをします。

①簡単に素早く終わる仕事
業務の報告や連絡、メール確認と返信、日々のルーチンワークなど

②自分だけの裁量でできず、進めるにあたって時間がかかる仕事
取引先や他部署に問いかけて返事を待つ事柄、上長の承認が必要な案件など

③集中して手を動かす仕事
まとまったシステム入力、ＰＣを使っての資料作成など

若手に、目の前の仕事をこの3つに分類して、優先順位を決めて取りかかるように伝えてみてください。そうすれば、時間を効率的に使うことができ、仕事が前に進めやすくな

るはずです。もちろん若手から話を聞いた結果、原因がほかの事柄である場合には、それに合った解決策をアドバイスしてください。

いずれにしても若手に詳しく話を聞くこと、おだやかにアドバイスをすることによって状況はかなり改善されるはずです。

発端は若手社員の「疲れた……」「厳しい……」というちょっとしたひと言ですが、上司や先輩が言語化力とわかりやすい説明力の意識を持っていれば、適切なコミュニケーションがとれるようになります。それでも改善が見られないようであれば、上司や先輩が若手の仕事量を調整するか、代わりに預かるようにしてください。

「若いんだから大丈夫だよ！」と一蹴せず、話を聞いて適切なアドバイスをする

「困ったら何でも言ってね」はＮＧフレーズ

上司はフォローしているつもりでも、若手の立場で考えてみると……

若手社員が少しでも質問しやすくなるようにと、次のような言い方をする上司や先輩は多いです。

「困ったときは遠慮しないで、いつでも何でも言ってきていいからね」

しかし、こうしたオープンな待ちの姿勢は、最近の若手社員にはＮＧです。

「いつでも」「何でも」と言うと、若手社員は「いつ、何を言えばいいの？」と逆に迷ってしまうのです。

「いつでも」に対して「今でも本当にいいのか？」、「何でも」に対して「こんなことを聞いても大丈夫だろうか？」と不安に思ってしまう若手社員もいます。「聞く内容自体が間違っていたらどうしよう」と自分の判断になかなか自信を持つことができないのです。

こうした状況に気づかないまま、両手を広げて待ち続けてしまうと、上司や先輩たちは「彼らは何も言ってこない」と大きな疑問を抱えることになります。そのうえ、若手の仕事の出来が教えた通りになっていなかったり、いつまでも終わらなかったりすると、「じゃあ何で聞きにこないんだ！」とイライラしてしまうケースも少なくありません。

若手が聞きに来るのを待つのではなく、上司のほうから働きかける

若手社員が聞きに来るのを待っていても何もはじまりませんから、上司や先輩から積極的に動いたほうが仕事は前に進んでいきます。

「さっき教えたチェックの方法でわからないことはないですか？」「あの書類作成の仕事はどのへんまで進んでいますか？」などと、若手に具体的に仕事の内容を示して問いかけるようにします。

「気配り、目配り、心配り」という言葉がありますが、最近の若手社員には心を傾けるだけでは不十分です。さらに上司や先輩は**「言葉配り」**で、若手に積極的に言葉を投げかけることで状況が把握できるようになります。

また、その際に若手社員の仕事の出来栄えまでしっかり確認するようにしてください。本当は大丈夫ではないのに、大丈夫そうなフリをする若手社員も多いからです。最終的に教えた通りに仕事が完成しなければ、むしろ手間がかかってしまうのですが、とくに新入社員の場合はそこまで想像が及びません。

ただし、若手は決して嘘をつこうとしているのではなく、上司や先輩に手間をかけさせたら申し訳ないという思いから、自分の力で何とかしなければならないと抱え込んでしまいます。

そこで、間違いを発見した場合の対応方法も重要です。

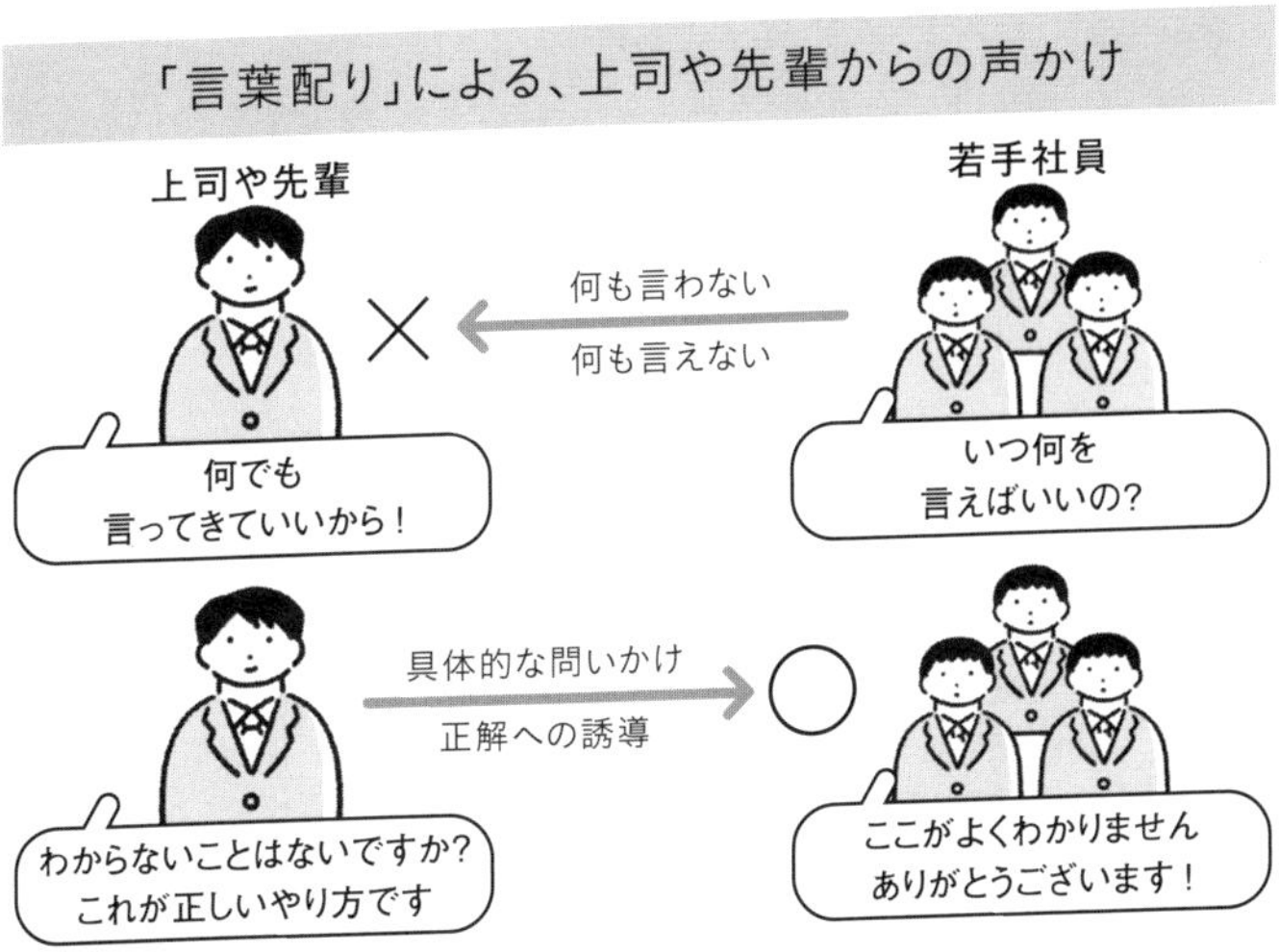
「言葉配り」による、上司や先輩からの声かけ
上司や先輩
若手社員
何も言わない
何も言えない
何でも
言ってきていいから！
いつ何を
言えばいいの？
具体的な問いかけ
正解への誘導
わからないことはないですか？
これが正しいやり方です
ここがよくわかりません
ありがとうございます！

細かな点でのミス、仕事そのものの方向性のミスなど大小にかかわらず、そこまでのプロセスを評価しつつ、その場で指摘して正解へ導くのです。そのほうが若手は教えをありがたく受けとめて、やる気が出てきます。

逆に「いちいち間違いを指摘すると、やる気をなくすのではないか」と心配する声もありますが、後で間違いが判明することのほうが彼らには負荷となって、むしろやる気をなくしてしまうことが多いです。

また、時間的に余裕があって後で挽回できる場合、あえてそのまま最後までやらせてみて、後で間違いを指摘してやり直させるというスタイルをとる人がいます。そうしないと学びにならない、本人のためにならないという考えがあるようですが、若手は放置されたと感じてしまい逆効果となります。

あえて間違えさせることが本人のためと考えるのは、上司や先輩の一方的な思い込みです。

最終的なゴールは、仕事を完遂することですから、途中で軌道修正をしても目的は十分に達成されます。

その際、「なぜ間違えてしまったのか」「本来どのように進めるべきだったのか」について、しっかり言語化して説明することで若手社員の学びとなります。そうやって、正しいゴールとプロセスを明確につかむことができると、モチベーションが上がるとともに若手社員のスキルアップにもつながります。

「気配り、目配り、心配り」＋「言葉配り」でフォローする

自分で結論が出せない若手に、考える猶予を与えてはいけない

すぐに答えが返ってこないことは、考えさせても出てこない

ある上司から、こんな相談をいただきました。

先日、部下から「お客様から納期を早めてほしいと言われましたが、どうしたらいいですか？」と質問があり、部下に少しは自分で考えてもらおうと思ったので「どうしたらいいと思う？」と聞いたところ何も答えが返ってきませんでした。

しばらく待ってみたものの、部下は自分からは何も結論が出せないようでした。こんなとき、すぐに指示を出すのもどうかと思うのですが、いかがでしょうか？

このように、上司たちから「自分で結論が出せず、口ごもってしまう若手社員に対してどのように指導すればいいか悩んでいる」という声をよく聞きます。

部下本人の意志を尊重するために待つべきなのか、何もかもすぐに教えてしまっては本人のためにならないのではないかなど、さまざまな思いが交錯しているようです。

若手に自発的に動いてもらうために彼らの考えを尊重したいという思いはわかりますが、結論が出ない場合、考える時間の猶予を与えてはいけません。

上司や先輩に待たれると、若手は焦ってしまい、プレッシャーとなってさらに思考が停止してしまいます。あるいは、とりあえず何か言わなければという焦りから、明確な理由も持たないまま思いつきを口にしてしまうことすらあります。

その結果、若手は頭の中が整理されずに仕事が中途半端になってしまうこともしばしばです。上司や先輩が良かれと思って考える猶予を与えたことで、若手は「できない自分」や「ダメな自分」に落胆することになります。

上司や先輩も若手に対して、「答えが返ってこない」「結論が出せない」と認識することによって、彼らを「できない部下」「ダメな部下」と否定的にとらえがちです。

上司はヒントを与えながら答えを引き出していく

口ごもってしまう若手社員には、上司や先輩がサポートしながら結論に導くようにしてください。

ただし、それは上から一方的に正解を与えるというのではなく、**横に並んで目線を合わせながら一緒に考える**ようにします。

「お客様からの納期を早めてほしい」という要望を例に挙げます。

上司「それにしても、どうして急に納期を早める必要性が出たんですかね？　お客様はどれくらい早めたいんでしょうか？」
部下「まだ確認していません」
上司「仕入れ先のほうは対応してもらえるでしょうか？」
部下「それも確認しないとわかりません」

上司「では、お客様に理由と日数を確認したうえで仕入れ先に問い合わせてみてください」
部下「はい、わかりました」

このように明らかにしなければならない点を、共通の疑問として若手と一緒に考えていきます。そして、結論に導く過程で仕事に必要なポイントを教えていきます。

そうすれば、「答えが返ってこない」「結論が出せない」という否定的な状態をつくらずに、若手に確認しながら「わかりました」という言葉によって前向きに仕事を進められます。また、若手に考える猶予や沈黙の時間を与えないことで、焦りやプレッシャーを感じることがなくなります。

くれぐれも、「理由は確認したの？」「日数は？」「仕入れ先はどうなの？」などという言い方で彼らを問い詰めないようにします。

「どうしてだろう？」「どれくらいだろう？」「大丈夫かな？」と、一緒に考える口調を意識してください。

とくに積極的に自分の意見を発することが苦手な若手社員の場合、上司や先輩が要求しているレベルを高く設定してしまうことで物事を難しく考えすぎる傾向があります。その結果、若手は期待に応えるべく正解を答えなければならないという焦りにつながります。

自分で結論が出せず、口ごもってしまう若手社員は、それまでの人生の中で自分の意見を発する経験が不足していることが多いです。いずれ自分の考えに自信を持って行動に結びつけてもらうためにも、まずは意見を発する体験自体をつくることが大切です。

若手に問いかけながら一緒に考えることで上司や先輩が率先して結論を示す

臆病な部下は勇気づけるのではなく一緒に心配する

まず、自分と異なるタイプの部下の気持ちを理解することから

臆病でいつまで経っても心配ばかりしている若手の部下がいます。どんなに勇気づけてもなかなか思いきった行動をしてくれません。どのような言葉をかけるのが効果的でしょうか？

研修で、上司からこのような相談を受けることがよくあります。
まだ経験が少ない若手社員に不安や心配はつきものですが、とくに最近は失敗を恐れる

若手社員の急増によって、こうした相談の数も増えています。

まず、**臆病で心配性である若手社員を勇気づけても何の解決にもなりません。むしろ、本人との気持ちの乖離が大きくなり逆効果となってしまいます。**

「失敗なんか怖がるな！」
「思いきってやってみろ！」

前向きで突き進むイケイケタイプの上司や先輩は、若手にこのような言葉をかけてしまいがちです。しかし、こうした対応は若手に対して強要でしかありません。自分がイケイケタイプだから「同じようになれ！」と言っているようなものです。

これは若手にかぎったことではありませんが、イケイケな人だけでなく、臆病で心配性の人、冷静で慎重な人などさまざまなタイプがいて、それを他人が変えることはできません。

臆病で心配性な部下を勇気づけるというのは、「今すぐイケイケタイプに変わりなさい！」と言っているようなものです。一方的に押しつけているのですから、それは強要であり、下手をすればパワハラにもなりかねません。

また、このような上司や先輩の思考の背景には、失敗を恐れないほうが優れており、臆病で心配性は劣っているという偏った固定観念があるとも言えます。

「共感することで解決する問題」もたくさんある

臆病で心配ばかりしている部下には、上司や先輩はまず一緒に心配してあげてください。すぐに不安を解消しようとせずに、一度不安な気持ちを受けとめるのです。

「そうか、それは確かに心配になるかもしれないですね」

このような言葉を演技ではなく、自然に言えるかどうかが重要です。そう言ったほうが効果的だから言うのではなく、心から部下に共感するようにしてください。そうすれば若手社員は、上司や先輩は味方であるという認識につながり、彼らは安心して仕事に取り組

押しつけや強要に陥らない関わり方

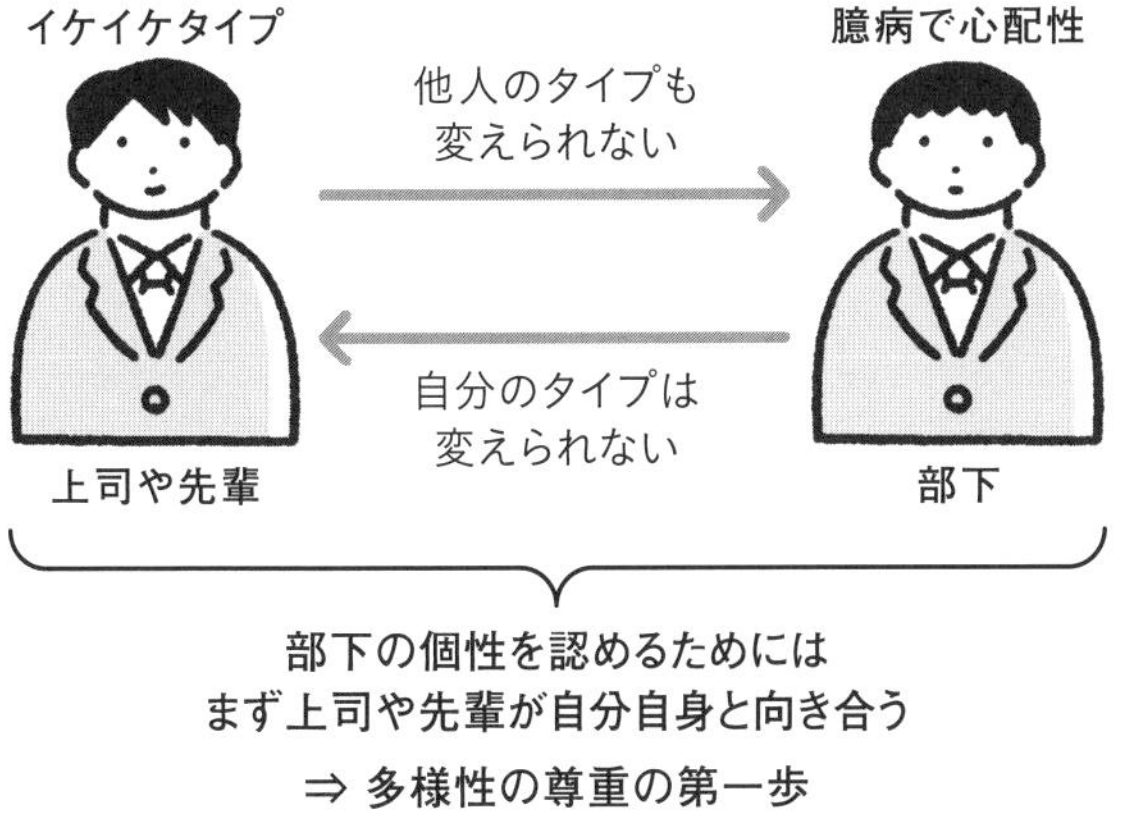
イケイケタイプ
臆病で心配性
他人のタイプも
変えられない
自分のタイプは
変えられない
上司や先輩
部下
部下の個性を認めるためには
まず上司や先輩が自分自身と向き合う
⇒ 多様性の尊重の第一歩

めるようになります。

そのうえで、若手の心配や不安の原因を探りながら彼らと一緒に解消していきます。

原因はさほど複雑なものではないことも多く、困ったときには上司や先輩がいつでもサポートするという約束をすることで解消されます。

そもそも、人のタイプを他人が変えることなどできません。タイプを変えることができるのは、その人の意志だけです。上司や先輩はそのきっかけをつくる存在なのです。そのためには、上司や先輩は言葉をかけるだけではなく、行動で見せることも大切です。

上司や先輩はたとえ失敗をしても常に冷静

で前向きでいる姿、自分だけでは成し遂げられないことを周囲の協力を得ながら乗り越えていく姿、そのために日頃から積極的なコミュニケーションによって友好な人間関係を築く姿を体現するのです。

上司が1人の社会人としての魅力的な姿を見せることによって、臆病で心配性な若手の部下も、前向きに挑戦するタイプに変わるべく、自らの意志でギアを入れ替えるかもしれません。これが最も効果的な勇気づけと言えます。

部下のタイプは上司が変えられないと理解することが多様性の尊重である

若手の前向きで楽観的な姿勢をそのまま受けとってはいけない

若手の前向きで楽観的な姿勢には慎重に対応する

明るく元気で仕事にも前向きに取り組んでいる若手の部下がいます。しかし、ふとした瞬間に、どことなく不安や迷いが見え隠れします。

こうした場合、どのような指導や教育をしたらよいでしょうか？


最近、上司からこのような相談が寄せられることも増えています。

私が研修をしているなかでも、前向きで楽観的な若手社員が増えているように感じています。ただし、若手の前向きで楽観的な姿勢をそのまま受けとってはいけません。**若手の**

「大丈夫です！」は「よくわからないけど、とりあえずやってます！」と同義ととらえてください。

また、若手社員は物事に積極的に取り組む姿勢は持ち合わせているのですが、「まあ何とかなるでしょ」「問題が出たらそのときに考えればいいし」などと考えていることが、周囲からは緊張感の欠如や軽さに見えてしまいます。

そして、若手社員は実際に困難に遭遇した際には予想外にダメージが大きく残り、心が折れやすい傾向にあります。「まあ何とかなるでしょ」と言っていたわりに落ち込み方が激しく、過去の行動や判断を悔やむばかりで思考が停止することも多いです。

したがって、若手の表面上の明るさや元気、前向きな言葉を１００パーセントは信用せずに、至らない点を補うための指導や教育が必要になります。

若手に必要なのは「計画」と「対応策」

まず若手に、いつも明るく元気で前向きであることは、ほめましょう。

失敗を恐れずに積極的に挑戦しようとする姿勢を認め、これからもその精神を貫いてほしいと伝えると自信につながります。

そのうえで、さらなる成長のために必要な要素として、次の2点を教えてください。

1つ目は、**計画性をもって取り組むことの大切さ**です。

しっかりしたスケジュールを立てて、その通りに進んだかどうか検証することを徹底します。もし計画通りに進まなかった場合、若手にそもそものスケジュールに問題がなかったかどうかまでしっかり考えるように指導してください。楽観的なタイプは「大ざっぱ」とも言い換えられるほど振り返ることが苦手です。

また、計画と実行のズレについても、若手は何も想定していなかったのに想定の範囲内だと思い込む傾向があり、それが積み重なって大きな問題になることもしばしばです。良い結果を得るためには、良いプロセスが必要であることを教えてください。

2つ目は、**問題が発生する可能性を想定し、対応策を用意すること**です。

若手の「問題が起きたら、そのときに考えればいい」という自信には根拠がまったくなく、何も想定できていません。そして、若手が実際に何か問題が起こったときにダメージ

1人ひとりのタイプを尊重した関わり方

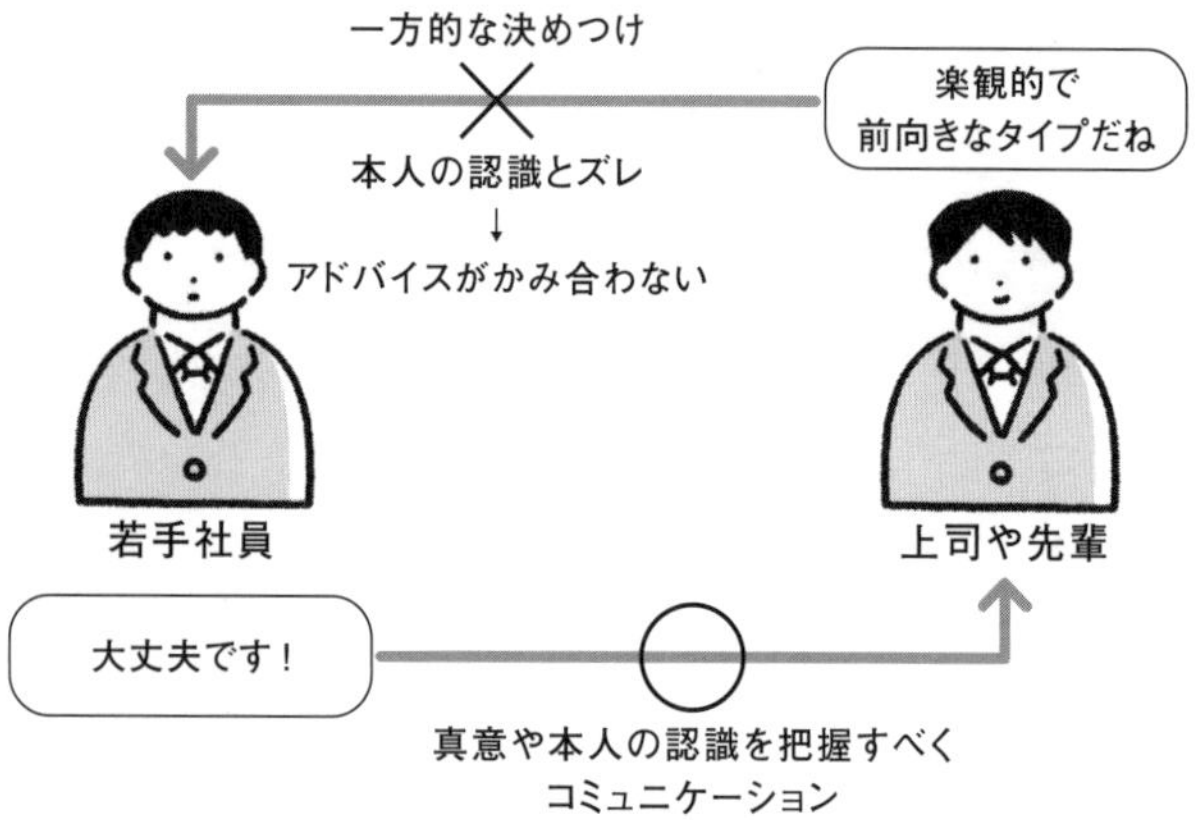
一方的な決めつけ
楽観的で
前向きなタイプだね
本人の認識とズレ
↓
アドバイスがかみ合わない
若手社員
上司や先輩
大丈夫です！
真意や本人の認識を把握すべく
コミュニケーション

を受けて、心が折れてしまう原因となります。

そこで、**若手に「問題は起こる可能性があると想定しておくこと」**を教えます。

自分の思惑通りに物事が進むとはかぎらないこと、自分の考えや頑張りに対して他人は必ずしも同じように受けとめるとはかぎらないことを強調しておきます。

このときに単なる抽象的な注意事項の列挙だけだと、若手はリアリティをもって理解できません。したがって、１つの連絡ミスが深刻な結果を招いた例やお客様との認識の齟齬によるトラブルなど、上司や先輩が身の回りで発生した実例を挙げながら説明すると効果的です。

ただし、いくら若手が安定感のない楽観的で前向きな傾向があるからといって、上司はいきなり決めつけたように接しないでください。

たとえば、部下が自分は慎重なタイプだと思っているのに、上司は楽観的で前向きだと決めつけてしまうと、アドバイスがまったくかみ合いません。良い点をほめようにも弱点を補おうにも、本人の認識とズレているために納得して受け入れることができません。

したがって、上司は「部下が自分自身のことをどんなタイプだと認識しているか」を正確に把握しなければならないのです。そのためにも、日頃からのコミュニケーションが不可欠となるのです。

若手に「計画」と「問題が発生することを想定した対応策」の必要性を教える

暴論で反抗してくる若手社員にうろたえてはいけない

会社が若手のために用意した研修だったが……

冷静で丁寧な指導を実践していると、それをいいことに反抗してくる若手社員もいて、上司や先輩を悩ませています。もちろん、反抗的な若手はごく一部にかぎられた話ではありますが、恒例行事のように毎年1〜2人は必ず出てくるという話も聞きます。

私も新入社員研修で何度か遭遇した経験があり、たとえば次のようなケースです。

①マナーやコミュニケーションの指導において
「笑顔やお辞儀の練習を何度もさせることは強要でありパワハラです」

②メールの文章のわかりづらさを指摘したところ
「私はこれで十分伝わると判断しました。先輩の読解力が低いのではないですか？」

③プレゼンテーション研修の最中に突然
「大学時代に実践してきた基本ばかりで、私には無意味ですから参加したくありません」

①と②は、若手社員のOJTの指導係になった方から聞いた現場での話です。
若手社員に1日も早く活躍してほしいとの思いを踏みにじられるような突然の反抗に、みなさん返す言葉が見つからずにうろたえてしまったそうです。

言うまでもなく、若手社員の発言に正当性は見当たらないです。だからこそ、指導係の方はどう指摘していいのかわからず、瞬時に返す言葉が見つからなかったのでしょう。しかし、上司や先輩はうろたえたりせずに、そんなときこそ毅然とした態度と言語化力と説明力で若手に真意を伝えなければなりません。

横暴な態度の若手にひるまず、上司は毅然とした態度で説明する

先に③についてから。新入社員からの講師である私に対する反抗でしたが、次のように返答しました。

今は勤務中です。研修は仕事の1つで、会社から新入社員に課された義務です。その証拠に、この一分一秒にもあなたの給料が発生しています。

それから学生時代にプレゼンで学んだポイントがあるかもしれませんが、今は社会人です。したがって、その基本を仕事にどう活かすのかを学ばなければなりません。もし自信があるなら、次の実践ワークの中でみんなの良いお手本になってください。

私は真顔で正面から向き合い、このように冷静に説明したところ、その新入社員は10秒ほどの沈黙があった後、おとなしく席に着きました。その後、新入社員は何ごともなかっ

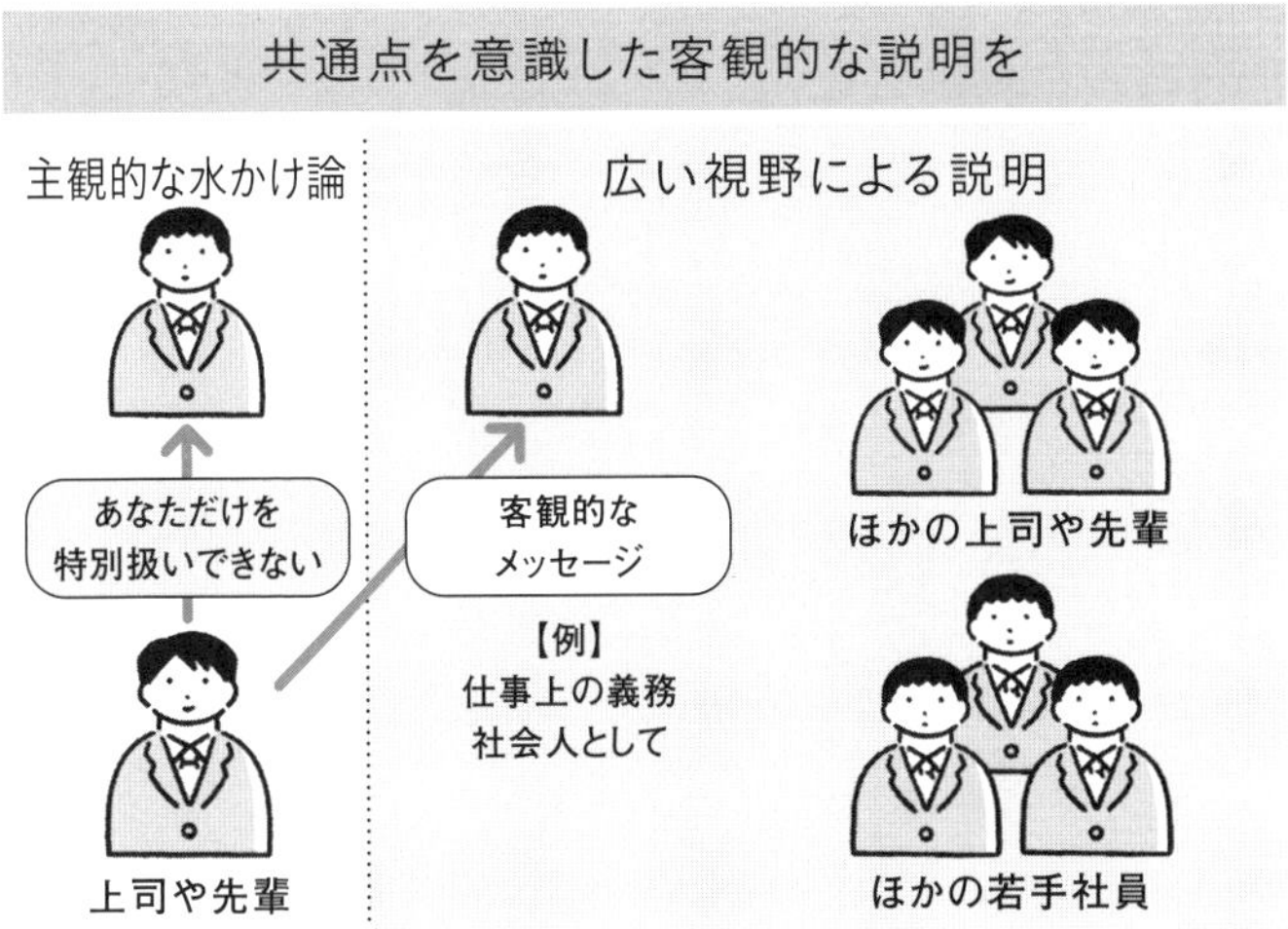
共通点を意識した客観的な説明を
主観的な水かけ論
広い視野による説明
あなただけを
特別扱いできない
客観的な
メッセージ
【例】
仕事上の義務
社会人として
ほかの上司や先輩
上司や先輩
ほかの若手社員

たように受講していましたので、私もとくに神経質にならずにほかの社員と同じようにおだやかに接するようにしました。

支離滅裂な暴論で反抗してくる若手社員には、毅然とした態度をとるのが効果的です。

こういうタイプは、うろたえるなど感情の揺れを見せてしまうと、根拠のない自信に火がついて、ますます反抗的な態度を強くしてきます。したがって、言語化力と説明力で客観的に対応しなければなりません。

また、反抗してくる若手社員とは1対1のやりとりをしようとするのではなく、**ほかの若手社員も含めた全員に対してメッセージを投げかけるイメージを持つようにします。**

目の前の相手を何とか説き伏せようとする

と、「わかる、わからない」「納得できる、できない」など、どうしても主観的な議論になってしまいがちです。最悪の場合は、水かけ論に発展して収拾がつかなくなります。

そこで、ほかの若手社員も視野に入れながら、共通点を意識すると客観的な説明ができるようになります。③の私の例で言うと「仕事」「義務」「給料」「社会人」というキーワードに反映されています。

同じように①の例でも対応を考えてみます。

笑顔やお辞儀の練習を繰り返すことは、強要でもパワハラでもありません。お客様に気持ちの良い清々しい対応をすることは、大事なサービスの1つです。したがって、その品質を高めるために練習することは、仕事上の義務になります。しかもその良し悪しを決めるのは、お客様である第三者です。私がお客様の代わりに判断しますから、より高い品質を目指して頑張ってください。

このように毅然と全員に向けたメッセージを投げかけるように対応します。

②のメールの指摘に対する反抗の例でも、わかりやすい文章を書く目的、それを判断す

るのは「あなた」ではなく第三者であることを説明します。

こうしてみると、どんな場面でも「仕事」「目的」「品質」「義務」など論点が共通していることがおわかりいただけると思います。

反抗的な若手社員への対応は、周りのほかの若手社員への影響も考慮してください。彼らは、上司や先輩がどのような対応をするのかを注意深く観察しています。

もし2年目や3年目にもなって反抗してくる社員がいた場合、その後輩も様子をしっかり見ていますから、上司や先輩が毅然とした態度をとれるかどうかは極めて重要となります。だからこそ、反抗してくる本人だけでなく、**広い視野で仕事の本質を説明する**ことが求められるのです。

ほかの若手社員や上司、先輩も視野に入れて毅然とした対応をする

「今の自分の基準」で若手を評価してはならない

「厳しすぎる評価」「甘すぎる評価」どちらにも共通すること

あなたは、部下の仕事ぶりを適正に評価できているでしょうか？

厳しすぎたり、逆に甘すぎたりしていないでしょうか？

人が人に対する評価ですから、多少のブレが生じるのは当然と言えます。しかし、そのブレがあまりに大きくなりすぎると、部下のモチベーションの低下につながります。

若手への評価が厳しすぎると、至らない点ばかりが指摘されることになり、厳しい叱責こそされなくても心が折れてしまいます。逆に、甘すぎると達成感や成長感を持つことができなくなります。

「あの人の下はいいよな……」

「自分なんかいつもダメ出ししかされないよ……」

こんな会話が、若手社員向け研修の休憩時間中によく聞かれます。

上司によって部下への評価とその受けとめ方があまりに異なるのは、印象や好みで左右されやすく、主観が強すぎる可能性があります。

厳しくされがちな部下が本当に至らない点が多いのであれば仕方がありませんが、同じような行動に対して評価が分かれるのは大問題です。

こうした適正を欠く評価は、若手社員の組織に対する不信感につながり、やがて早期離職の理由になることも少なくありません。

そこで上司の評価が適正さを欠く場合、大きな原因があることを理解してください。その多くは、**「今の自分の基準」で若手社員を評価してしまうこと**にあります。

とくに評価が厳しすぎる人に多い傾向として、自らの経験をもとにお客様への対応、コ

若手社員の成長度合いに合わせた評価を

今の自分の経験値やスキル
上司
×全然ダメ
○年次に合った適正評価
3年目の100点
2年目の100点
1年目の100点

ミュニケーション、資料作成、スケジュール管理などそれなりに高いレベルに基準を置いているという点が共通しています。

しかし、その基準のまま若手社員の仕事ぶりを測ってしまうと、いろいろと至らないと感じてしまい、辛口な評価になります。

一方、甘すぎる評価の多くは、決して過大評価しているわけではありません。若手社員と今の自分とを比べて「どうせ、たいしたことはできないんだから」という発想から、「この程度で仕方ない」という、ゆるい評価を下しがちです。

上司は、自らにこうした傾向がないかどうか、自分を客観的に評価してみてください。

年次ごとの100点満点を明確にして適正かつ客観的に評価する

評価の基準は「本人の成長」

1年目の新入社員には1年目としての100点満点があり、2年目の社員には2年目としての100点満点があります。それは上司の仕事のレベルからすると、場合によっては、わずか10点、20点くらいにすぎないかもしれません。しかし、若手の経験に合った適正な評価をするためには、**若手社員の成長度合いを基準にしなければならない**のです。

今の時代、今の世の中、今の仕事環境における彼らの100点満点を新たに設定し直さなければなりません。

若手社員を適正に評価することで、それが若手にとっても納得感があるものならば、「今の自分には何が足りていなくて、ではどうすればいいか」と自ら考えるようになります。

他人の成功話ではなく、自分の失敗談を語る

最近の若手社員は「失敗談」に興味を示す

仕事において大事なポイントを教える際に、次のような他人の成功話を用いることがあります。

- □斬新な発想力と大胆な行動について論じるために著名な企業や起業家のスタートアップから成功までのストーリー
- □一意専心に物事に取り組む姿勢を論じるために

有名アスリートのトレーニングや試合での勝負の実話
□成果を出すこととそのためのプロセスの重要性を訴えるために社内の要職に就いている上司がまだ若かった頃のエピソード

上司である自分の成功話は、若手にとって聞いていてつらい自慢話になりかねないですが、他人の話なら嫌味なく聞いてもらうことができます。

ただ、他人の話でも持ち出す例がひと昔前、ふた昔前の話は避けたほうがいいでしょう。上司世代からすると10年前の話でも、ついこの前の出来事と受けとめがちですが、若手社員はまだ小中学生だったのでピンとこないのが実際だからです。今をときめく有名アスリートの話であれば何とか共感を得ることもできますが、それ以外の話題は彼らには理解されないことも少なくありません。

そこで、若手社員に対しては他人の成功話ではなく、自分の失敗談を語ることをおすすめします。これなら自分の体験談なので時代背景や人物に関する予備知識も不要となります。また、自慢話に陥ることもないため、聞き手がつらくなることもありません。

何より最近の若手社員は、失敗談に対して強い興味を示し、自分の失敗を惜しげもなく披露できる人に信頼感を抱く傾向があります。

失敗談のほうが「人の振り見て我が振り直せ」でリアリティがある

私自身も若手社員向けの研修で、大きなものから小さなものまで若い頃にやらかした数々の失敗談を紹介します。研修後のアンケートにおいても「講師が自ら失敗談を話したことに驚いた」という声が多く寄せられます。

たとえば私が30代の頃、ベンチャー企業でシステム営業の管理職をしていたときに、新しいお客様との顔合わせ会議の場所を間違えた話もその1つです。原因は私がメールを最後までしっかり確認しなかったことですが、それは隣のビルや隣町というレベルではなく、なんと東京と大阪を間違えてしまったのです。

開始30分前に先方から資料についての問い合わせの電話があり間違いに気づいたけれど

も、30分では大阪に行けません。気づいてすぐに私は東京駅に行き、新幹線に飛び乗って新大阪に向かいました。そして、在来線と地下鉄を乗り継ぎ4時間も遅刻して現地に到着しました。

先方は相当あきれていたと思いますが、私はひたすら謝罪し、何とか夕方から会議をはじめていただき、最終的にはその案件を受注することができました。

この私の失敗から、若手社員に次の四か条を伝えています。

一　たった1行の確認モレから重大な問題を引き起こすことがある
二　だから、いかなる仕事も細心の注意を払って当たらなければならない
三　それでも失敗したときには逃げない、言い訳をしない、できることをやる
四　失敗と向き合えるかどうか、そのときこそ人間性が問われる

彼らは目を丸くして聞き入っています。そして、私からの四か条を深くうなずきながら熱心にメモを取っています。

このように上司や先輩も自分の失敗談であれば、時代背景など関係なく若手社員にも共有することができます。何より自分自身の経験ですから、言葉に強い説得力が出てきます。その失敗を通して若手への学びとなります。

また、若手向けの研修では次のような話も必ず添えます。

失敗しないように真剣に仕事に取り組まなければなりませんが、人間である以上失敗する可能性は誰にでもあります。１００点満点の人間などそう多くはいませんから、おそらくみなさんの上司や先輩も失敗したことがあるはずです。

成功から学ぶことも多いですが、失敗からも多くのことを学ぶことができます。だから失敗を恐れずに思いきって仕事に挑戦していきましょう。大丈夫です！　私ほど悲惨な失敗をすることはそうそうありませんから。

この話に若手社員からは「勇気が湧きました！」「明日から挑戦します！」という言葉が多く寄せられます。これも失敗した本人の言葉なので納得感が違うようです。

「失敗を恐れるな！」「思いきってやってみろ！」と日々声をかけるよりも、たった1つの失敗談を語ることのほうが若手社員を動かすこともあるのです。

上司の失敗談は、若手にとって大きな学びとなる

第4章

若手社員は一緒に並走しながら伸ばす

「できないこと」ではなく「できたこと」に着目する

「新人が元気がないのは」誰のせい!?

「今年の新人は元気がない……」

新入社員研修の仕事で多くの企業にうかがうと、上司たちから、こんな声をよく聞きます。とくに、プレゼンテーションやコミュニケーションがテーマの場合、若手から積極的な発言が出ないために研修が成立しないのではないかと心配する上司もいます。

ありがたいことに毎年研修のリピート依頼をいただく企業も多いのですが、毎年「元気がない」という言葉を聞いていると、いずれ元気が消滅してしまうのではないかと心配になってしまいます。

しかし、実際に新入社員に会ってみると、まったくそんな印象は受けません。むしろ素直で真面目な素晴らしい若者ばかりです。1〜2日間ほど彼らとしっかり向き合い、研修が終了すると冒頭の上司たちの言葉が次のように変化します。

「彼らにあんな元気があったんですね！」

「どうすれば元気を引き出すことができるんですか？」

答えはとても単純です。**「できないこと」ではなく、「できたこと」に着目して肯定と承認を繰り返す**だけです。

もちろん、「できないこと」は目をつぶって放置するわけではありません。上司や先輩は若手社員にヒントやアドバイスを与えることで、「できない」から「できる」に変えるためのサポートをし続けます。

こちらが全面的に支援する姿勢を示すと、彼らの素直さ、真面目さとうまくかみ合って元気を引き出すことができるのです。

「できたこと」に着目する指導のアプローチ

私は若手社員向けの研修で、10分間で自分の強みを5つ挙げるというワークをよく行います。

最初は若手にはノーヒントで自主的に頑張ってもらいます。そして、5分経過したところで様子を見てみると、すでに5つ挙げて終わっている人、3つまでできていて十分に間に合いそうな人、まだ2つだけれど頑張れば何とか間に合いそうな人、1つしか挙げられずにとても間に合いそうにない人など進捗がバラバラです。

ここで従来の指導方法だと、2つや1つしか挙げられていない人に対して、「まだこれしかできていないですね！」「急いでください！　時間までに必ず全部終わらせるように！」などと、明確なアドバイスがないまま、鼓舞なのか叱責なのかよくわからない発言をしてしまいがちです。

すると、若手社員は焦って、思考停止するか、間に合わせるためにテキトーな事柄を挙げてしまい十分な成果が得られません。

一方、肯定と承認の指導だとどうでしょう。

まず、「2つできましたね」「1つできましたね」と、できていることを認めます。さらに、そこに独創性や具体性があれば「いいですね！」「ユニークですね！」などと評価するひと言を意識的につけ加えます。ここでは、決して「○○しかできていない」という言い方で劣っているというレッテルは貼りません。

そのうえで、何とか時間までに間に合うようにアドバイスをします。

たとえば、自分の強みについて仕事の視点だけで考えているようであれば、「趣味について考えてみたらどうでしょう？」「人との関係性を考えるとどうでしょう？　家族とか友だちとかいろいろありますよね」というようにキーワードを与えて思考を広げます。

そうすると彼らの心に響いたのか、ハッと表情が変わって「ありがとうございます！」と前向きに取り組むようになります。その結果、最終的に制限時間の10分に間に合えば「できましたね」「頑張りましたね」と全面的に評価します。

このようなアプローチを繰り返していくことで、若手社員は元気になっていくのです。

できたことに着目する	できないことに着目する
2つできていますね 1つできましたね	まだこれしかできていない 必ず全部終わらせるように
↓	↓
できるためのアドバイス	アドバイスせずにやらせる
できましたね がんばりましたね	**やって当然**
指導方法と指導内容を分ける	**指導方法と指導内容を混同**
失敗の原因→ 指導内容が不十分	失敗の原因→ 厳しくしなかったから

このように「できたこと」に着目する指導のアプローチは、上司と部下が同じ目線で並走しながら伸ばすための前提条件となります。

その際に注意すべきは、**指導方法と指導内容を混同してはいけないこと**です。指導方法とは、言い換えれば「教え方」で、教える姿勢も含まれます。指導内容とは、教える内容で、どんなことを伝えるかという中味のことです。

たとえば、若手にミスやトラブルが発生した場合、その原因を指導方法に厳しさが足りなかったことに結びつける上司や先輩がいます。すると、日々の指導をより厳しくして「できていない」「ダメだ」という点ばかりに着目してしまいます。

しかし多くの場合、指導内容が十分でなかったために発生した可能性があります。すなわち、原因は上司や先輩の言語化力と説明力にあるのです。

厳しくしなくても人は育ちます。逆に、いくら厳しくしてもミスやトラブルは発生します。だからこそ、若手の「できたこと」に着目し、「できなかったこと」はどうすればできるようになるかを言語化力と説明力で伝えて指導していくのが上司や先輩の仕事です。

「できたこと」をベースに肯定と承認で若手を伸ばす

「正解」は探させるのではなく最初から提示する

もったいぶらずに正解を共有したほうが近道なことも多い

指導の結果、少しずつ仕事を覚えてきた若手社員について、次のような質問を受けることがあります。

若手社員に丁寧に教えてきた結果、仕事がだいぶできるようになってきました。ただ、このまま教え続けてしまうと、言われたことしかやらないようになってしまうのではないかという不安もあって、どうすべきか悩んでいます。一生懸命にやる良い子たちなのですが、どこまでを教えてどこから自主性に任せたらいいでしょうか。

とくに、一生懸命で真面目な若手の部下を持つ上司や先輩ほど、あまり教えすぎないほうが彼らのやる気を引き出すことにつながるのではないかと考えるようです。

まず、**若手社員に教えるべき仕事を「正解があること」と「正解がないこと」の2つに分類してみてください。** すると、ほとんどすべての項目について正解が存在するのではないでしょうか。その場合は、そのまま正解を教えてください。

正解があるのですから、最初から正解を提示しても、指示待ち人間を生み出すことにはならないので大丈夫です。

仕事は、過去のパターンから定型化されたものも多く、言語化によって説明可能なものばかりです。とくに、1年目、2年目の若手社員への仕事の指導は、そのパターンを習得させることが中心であり、正解がない仕事はほとんどないはずです。

むしろ上司や先輩の頭の中に正解があるにもかかわらず、それを明らかにしないのは遠回りであり、時間と労力の無駄になることを認識してください。

指示待ち人間が生まれやすいのは、1つひとつの仕事をバラバラに教えてしまうことに原因があります。そのため、**仕事の一連のプロセスを関連づけて教えていくことで、その後はいちいち指示を出さなくても若手社員は自ら動けるようになります。**

昨今は時代の流れが速くなる一方です。それに伴って、若手社員による成長への要求のスピードも速くなっていますから、スピーディーに正解を提示することは彼らの期待にも合致します。

むしろ、正解を示さずに若手に探させようとしていると、成長が実感できない職場として彼らに見かぎられてしまう可能性すらあるので注意してください。

「わかる」と「できる」は別のステップだと認識しておくこと

上司や先輩は、自分の正解の提示の仕方が適切かどうか、若手社員にとって本当にわかりやすいものであるかについて常に検証する目を持ってください。

自分の教えたことは必ず理解できるはずだという前提に立ったまま、自らの伝え方に対していっさい疑いを持たない上司や先輩は少なくありません。そのため、教えたことが伝わらないのは、若手の理解力不足のせいにしてしまいがちです。

プレゼンテーションやコミュニケーションの基本として**「伝える」と「伝わる」は別**という考え方がありますが、指導についても同様です。さらに言えば、**「わかる」と「できる」もステップが異なる**のです。

上司や先輩は自分としては丁寧に正解を提示したつもりでも、若手社員の仕事の結果が想定通りになっていないことが多ければ、自分の教え方を考え直してみる必要があります。

また、上司や先輩は仕事の優先順位づけを日常的に脳内でしているかもしれませんが、若手にはその判断の仕方から教える必要があります。若手は業務の理解が不十分であるために、要点はどこで優先順位が高いものは何なのかをつかみきれていないことも多くあるからです。「わかる」から「できる」へとしっかりつながっていけるように、ぜひ二人三脚で取り組んでみてください。

最初から「正解」を提示し続けても指示待ち人間を生み出すことにはならない

指導計画に「できない項目」を入れてはいけない

「できる」の積み重ねが自信になる

「行き当たりばったりで、どこに向かっているのかよくわからない……」
「ゴールがどこで、自分は今どこにいるのかはっきり教えてほしい……」

若手社員からは、こんな不安や不満の声もよく聞かれます。

たとえ上司の頭の中に計画があっても、それが若手の部下としっかり共有されていなければ、それは指導とは言えません。まずは、簡単なものでかまいませんので、指導計画の見える化をして共有しましょう。

部下としっかりと話し合ったうえで、いつまでに、何ができるようになるのかを明確に決めておきます。１年間だと長すぎるので、半年先、または四半期までの達成目標にします。

そして、この計画の中にも若手が「できない」項目を入れないようにしてください。最初からどう考えても達成不可能な項目があると、後でマイナス評価をすることに陥ります。また、ぎりぎり何とか間に合いそうな項目も努力目標として設定しがちですが、後半追い込み型になって、若手の部下を焦らせてしまうので入れてはいけません。

彼らが確実に達成可能な項目と期限を定めることで、余裕を持って全員にプラス評価ができることを目指してください。もし想定以上に進捗が良ければ、次の半年や四半期計画を前倒しすることができます。

このように、その先の若手社員の成長ストーリーを考えながら指導計画を立てると、迷子になることなく若手の力を前に向かせることができます。

基本的な仕事は覚える内容が決まっているはずですから、「できない」状態をつくらずに

「できる」が続くように工夫することで、彼らのやる気にも弾みがついてきます。

計画を活かすための「自分ごと化」

指導計画書は、若手社員と一緒につくるようにしてください。本人が達成するための計画ですから、自分でも責任を持ってつくるようにします。

期限と仕事の内容がわかればいいので、エクセルのシンプルな表なら新入社員でも十分つくれるはずです。

そして、できあがった計画は若手に机周りの常に目に入る位置に貼っておくように指示してください。昔ながらのアナログな方法ですが、責任感と達成意欲が高まります。

このように若手は計画を自ら立てることで、同時に仕事の進捗管理を学んでいくことができます。

そして、実際に計画を進めていく段階では、上司はこまめな進捗の確認も大切です。たとえば、1週間に1回、10分程度でかまいませんから、若手社員に状況を把握します。

指導計画書	4月				5月				6月				7月				8月				9月			
	1	2	3	4	1	2	3	4	1	2	3	4	1	2	3	4	1	2	3	4	1	2	3	4
1. 朝の環境整備	■	■	■																					
2. 夕方の片づけ清掃	■	■	■																					
3. お客様の電話対応	■	■	■	■																				
4. 取引先への問い合わせ	■	■	■	■	■	■																		
5. 取引先への対応	■	■	■	■	■	■																		
6. ABCシステム 受注入力	■	■	■	■	■	■	■	■																
7. ABCシステム 発注処理	■	■	■	■	■	■	■	■	■	■	■	■												
8. ABCシステム 請求処理	■	■	■	■	■	■	■	■	■	■	■	■	■	■	■	■								
9. 週例会議資料の準備	■	■	■	■	■	■	■	■	■	■	■	■	■	■	■	■	■	■						
10. 月例会議資料の準備	■	■	■	■	■	■	■	■	■	■	■	■	■	■	■	■	■	■	■	■	■	■		

確実に達成可能な項目と期限を設定したはずですから、上司は「順調ですね」「頑張っていますね」と肯定的な言葉をかけてください。あるいは「もうそこまでできましたか！」と前倒しを評価できる状況も出てくるかもしれず、そうなると彼らのやる気もアップします。

万が一にも進捗が芳しくないときには、「なぜできなかったんだ！」「決めたことはしっかりやりなさい！」ではなく、**「できない理由」と「できるための対策」を若手と一緒に考えていきます。**

若手と一緒に話し合って決めた計画ですか

ら、これは上司にとっての計画でもあります。「できること」を確認しながら、「肯定」すべく内容を見える化していきましょう。

「順調ですね」「もうそこまでできましたか！」と若手に言える肯定的な計画にする

社会人教育の前に「子育て」のスタンスを持つ

ティーチング以前のことからの指導も必要

人材教育では、「ティーチング」と「コーチング」という考え方があります。

「ティーチング」とは文字通り教えること。「コーチング」とは質問や問いかけを通して、相手が自ら考えることで能動的な発言や行動を引き出すことです。

若手社員の育成は、最初は「ティーチング」で丁寧に教えていき、若手が徐々に力をつけながら最終的には自分で考えて行動できる「コーチング」を目指すのが理想です。

しかし、最近は「ティーチング」と「コーチング」だけでは十分に対応しきれず、新たに「子育て期」という初期段階を設ける必要が出てきました。これは、若手社員の常識の欠如や未熟さが原因であり、配属先の上司や先輩をはじめ会社全体までも悩ませるという事態が多くの職場で起こっています。

ここで、これまで私が見聞きした常識の欠如や未熟さの代表例を挙げてみます。

□ペンの持ち方がおかしいのでお客様の前に出せない
□余裕を持った事前の行動ができずに指定の時間に遅れる
□睡眠不足によって寝坊、遅刻をする。業務に集中できない
□お客様や取引先にタメ口や若者言葉を平気で使ってしまう
□上司や先輩を自分のほうに呼びつける

心当たりのある方も少なくないのではないでしょうか。これらは、社会人の仕事以前のすべて日常習慣や生活管理、あるいは人としての常識の問題です。

そこで「ティーチング」の前に新たに「子育て期」を設けます。期間は長くても3か月とし、常識や基本的な行動を優しく教えます。ここでは仕事上の指導役というよりも、彼らの親になったつもりで根気強く取り組んでください。

それに伴って、人事と各現場が密に連携して、若手社員の実務の習得を目指すＯＪＴの指導には余裕を持った計画を立てる必要もあります。そうすることで「こんな状態で若手を現場に送り出すな！」とモメないようになります。

「身についていないこと」への失望よりも「学ぶ機会」となったととらえる

若手社員の「子育て期」の指導では、次の三大禁止事項を肝に銘じてください。

1　どんなに当たり前のことができなくても決して驚かない
2　一度や二度の指導でできるようにならなくても決してあきれない
3　そんなことまでやらなくてはならない現実を決して嘆かない

本来は職場で指導するべき事柄ではないかもしれませんが、これまでとは時代が変わったことを受け入れましょう。また、毎日同じことを言い続けることになるかもしれません

ティーチング前の「子育て期」

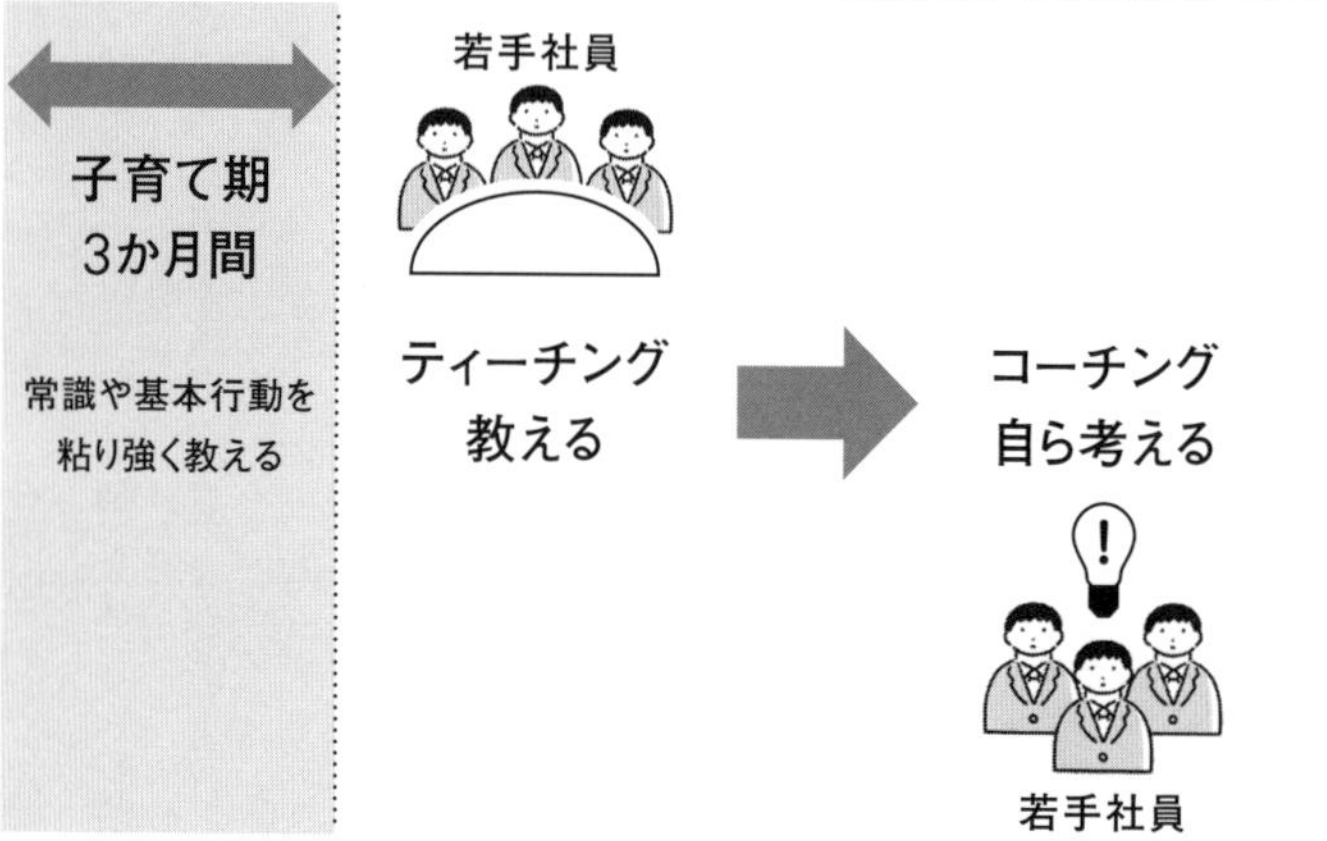
子育て期
3か月間
常識や基本行動を
粘り強く教える
若手社員
ティーチング
教える
コーチング
自ら考える
若手社員

が、この期間中は何度でも教え続けるという覚悟を決めてください。

最初の段階で常識や基本をしっかりと確立しておかないと、ゆくゆくは大きなトラブルやクレームを引き起こしてしまいますから、後で苦労しないためにも腰を据えて取り組んでください。

また、これは一部の関係者が実践するだけでは不十分です。全員参加で指導することによって、配属された部門全体で共有する必要があります。「子育て期」における主な指導のポイントは次の通りです。

□正しいペンの持ち方
□書類、パソコン、筆記用具など仕事で

使う道具の整理整頓
□時間厳守とそのための事前準備の徹底
□仕事に支障が出ないような規則正しい生活リズム
□目上の人に対する礼儀正しい言葉づかいと行動

これらは、「すべてできる若手社員」と「すべてできない若手社員」が大きく二極化しているのも最近の傾向です。もし配属されてきた新人にこれらを指導する必要がないとしたら、自分の部下に自信を持って次の「ティーチング」に進んでください。

大事なのは、どんな若手社員が配属されてきても受け入れる心と体制を準備しておくこと。それも上司の仕事の1つです。

社会人としての常識や基本行動を親になったつもりで根気強く教える

「やり方」だけでなく「考え方」も教える

「考え方」が身につくと再現性につながる

若手に「正解」を提示して、基本的な行動を教えた先には、行動基準や判断基準を自ら持つことで考えて行動できるようにします。さきほどのティーチングとコーチングで言うと、若手社員に1日も早くコーチングの段階に入ってもらうことを目指します。

しかし、実際の職場では若手がティーチングの段階を抜け出すことができずに、いつまでも上司や先輩が教え続けなければならないという実態があります。これは、若手に仕事の「やり方」ばかり教えて、「考え方」を教えていないことに原因があります。

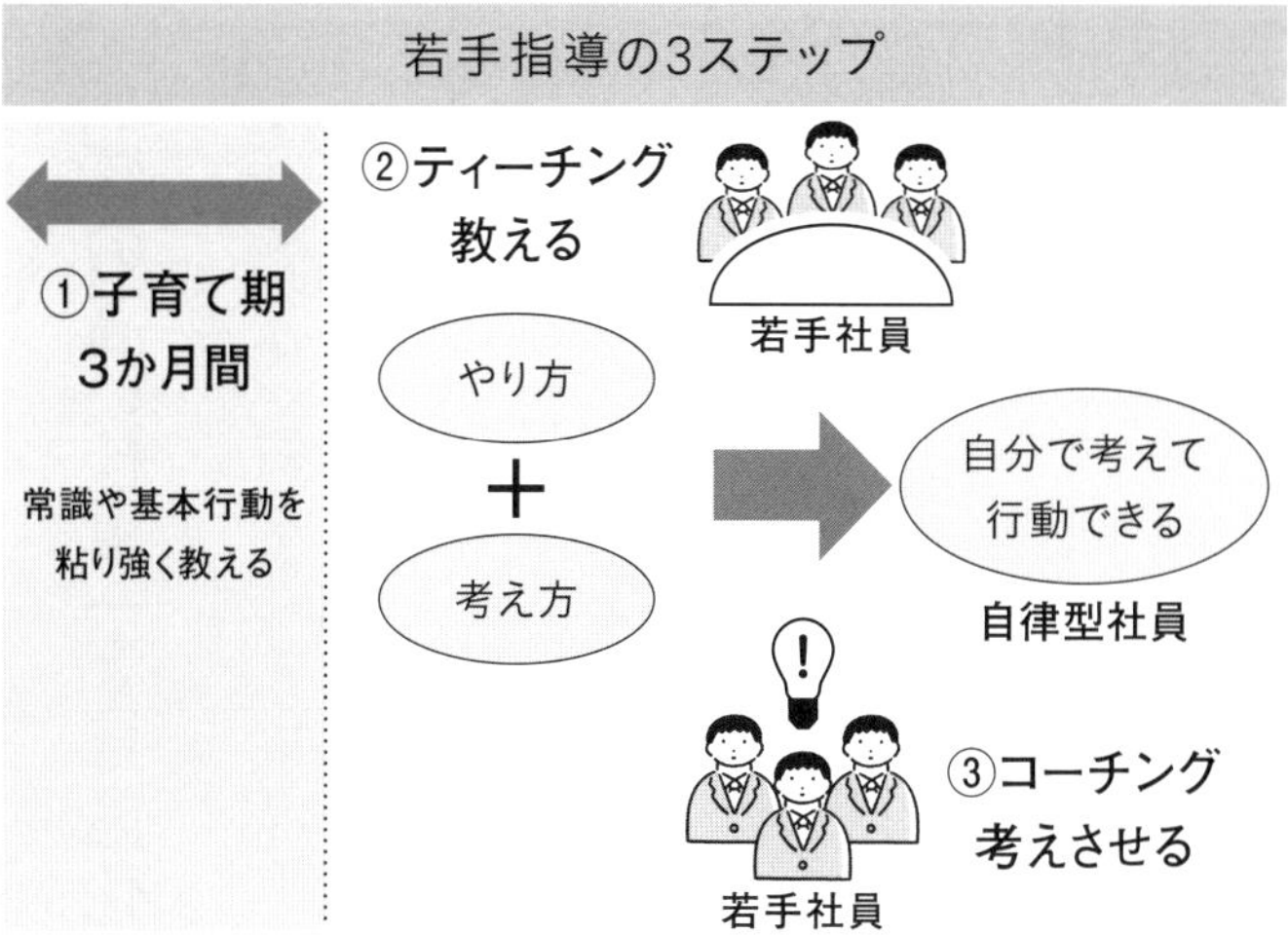
若手指導の3ステップ
①子育て期
3か月間
常識や基本行動を
粘り強く教える
②ティーチング
教える
若手社員
やり方
＋
考え方
自分で考えて
行動できる
自律型社員
③コーチング
考えさせる
若手社員

ティーチングからコーチングに移行して若手社員が自ら考えて動くためには、彼らの中に「考え方」がしっかりと備わっている必要があります。

しかし、上司や先輩がティーチングの段階で若手に仕事の「やり方」しか教えていなければ、彼らが自分で考えるようになるはずがありません。仕事の「考え方」は、コーチングに入ってからではなく、ティーチングの段階から若手は少しずつ身につけていかなければならないのです。

しかも仕事の「考え方」は、業務マニュアルには書かれていませんので、上司や先輩は言語化力と説明力をフル活用して、若手に丁寧に教えていきます。

「質の高い仕事」を言語化するならば

では、仕事の「考え方」とはどういうことか具体的に見てみましょう。

あなたは「質の高い仕事って何ですか？」と若手社員から質問された場合、どのように答えるでしょうか。

おそらく日頃から彼らに対して質の高い仕事を求めているはずですから、上司や先輩として明確な言葉でビシッと答えられなければなりません。

ちなみに、私は「＋αのサプライズで期待値を超えること」と答えます。仕事では指示されたこと、要求されたことをその通りにやるのは当たり前です。そこで、その当たり前の期待値を超えると、サプライズが生まれ、そこが仕事の質の高さとなります。

たとえば、先輩から明日の13時までという期限で資料作成の仕事を頼まれたとします。

もちろん期限通りに提出すればいいのですが、少し頑張って朝の10時に提出できたらどうなるでしょうか。

「えっ？　もうできたの？　ありがとう！　助かるよ！」と、相手からはこんなサプライズの言葉が聞かれることでしょう。

取引先から参考までに過去のデータを1件でいいので見せてほしいと頼まれたとします。もちろん1件用意すれば要求は満たせるのですが、ちょっと頑張って3件分を用意したとしたらどうでしょう。

「えっ？　そこまでやっていただいたんですか！　ありがとうございます！」と、やはり、ちょっとしたサプライズと感謝の声が届くことでしょう。

これが、私が考える「仕事の質＝＋αのサプライズで期待値を超えること」で、若手社員に教える仕事の「考え方」の一例です。

このように日常の仕事の中で少しずつ教えていけば、若手社員は新たな仕事を頼まれたときに「期待値を超えるために何ができるだろう？」と自ら考えるようになり、質の高い仕事につながります。

仕事の「やり方」は、若手社員がもしわからなければ質問をしてくるのでいつでも教えることができます。しかし、仕事の「考え方」について彼らが質問してくることはほとんどありませんので、上司や先輩が率先して教えていかなければならないのです。

そのためにも、上司や先輩が1つひとつの仕事の「考え方」について若手に答えられる明確な言葉を持ち合わせていることが前提になります。

たとえば、「相手の立場に立った仕事とは?」「相手の信頼を得るコミュニケーションとは?」といった問い対して、上司や先輩はきちんと答えられなければなりません。日頃から若手社員に教えていることのお手本になるだけでなく、言語化力と説明力で若手に仕事の「考え方」も伝えていきましょう。

仕事の「考え方」を教えなければ若手社員は自発的に行動できない

「責任のとり方」ではなく「責任の持ち方」を教える

言葉のとらえ方ひとつで、考え方が浮き彫りになる

「責任を○○」

この○○にどんな言葉が思い浮かびますか？

責任をとる。責任を負う。責任を感じる。責任を持つ。責任を果たす……。人によっていろいろな表現が出てくると思いますが、**「責任」という言葉の受けとめ方**は、自律した若手社員を育てるうえでとても重要です。

私は管理職向けの研修で、「責任との向き合い方によって社会人としての生き方が決ま

る」というメッセージを次の話とともにしています。

新しい仕事に積極的に挑戦し、自ら能動的に動く社員を育つために、責任は負うものではなく、果たすものです。そして、上司や先輩は若手に責任のとり方ではなく、責任の持ち方を教えてください。

「責任をとる」「責任を負う」とばかり考える人には、「責任」とはじつに重たくやっかいなものだととらえる傾向があります。

その結果、できるだけ責任をとりたくない、負いたくないという意識が働き、人の前に出ることや仕事の矢面に立つことを避けてしまいがちです。

それでも何かの拍子に責任が及ぼうものなら、何かのせいにして必死に言い訳をする、いわゆる「他責思考」に陥ってしまうことも。

一方、「責任を持つ」「責任を果たす」と考える人は、**「自責思考」**です。良い成果が得られれば、それは周囲の協力のおかげとともに自らも努力した結果だと清々しい充実感を覚えます。仮に成果が芳しくなかった場合でも、自分の取り組み方の何が悪かったのかを反省し、挽回するための努力を惜しみません。

このような「責任」に対する考え方ひとつとっても、自律した社会人として生きていくためのマインドセットにつながります。

若手社員は「上司の仕事への取り組み方」を冷静に見ている

「責任の持ち方」を教えるには、上司が自らの言動によって若手社員にお手本を示すことです。この点だけは、言葉で説明する以上に見せるほうが効果的です。

最近の若手社員は言葉数が少ない分だけ、上司や先輩の仕事への関わり方を冷静に観察しています。私の研修でのワークや休憩時間の彼らの会話を聞いていると、それがはっきりと伝わってきます。

たとえば、**業務上の問題への取り組み方**について考えてみましょう。

無駄な仕事、非効率なやり方、コミュニケーション不足によるミスやトラブルが発生している場合、上司は自ら積極的に声をあげることで、解決に向けて動いているでしょうか。周囲の人もその声に呼応するように知恵を出し合い、役割を分担しながら協力しているでしょうか。

万が一にも、誰からも声があがらずに見て見ぬふりのまま問題が放置されるようなことがあったら、若手社員に対して積極的に挑戦すること、仕事の効率性や質の高さを求めることなど言えるはずがありません。「私たちの前にあなたたちだろう」などと言われないためにも、業務上の問題解決に責任を持って取り組んでください。

次に、**上司自身の上長への対応**も重要です。

係長や主任は課長に対して、課長は部長に対して、どのようなアプローチをしているかです。これも若手社員の声を聞くと、かなり注意深く様子をうかがっていることがわかります。

たとえば、業務上の問題について、現場で議論を重ねて1つの解決策を取りまとめたとします。しかし、その結果を上長に報告したところ「意味がない」と言ってまったく違う指示が出されたり、「必要性を感じない」のひと言で取り組みそのものを却下されたりする

責任を

とる　負う	持つ　果たす
他責思考	自責思考
失敗に対して責任転嫁	**失敗に対して反省と挽回**

上司や先輩

周囲のベテラン社員、中堅社員のスタンスはどうか?

- **業務上の問題への取り組み方**
- **上長への対応**
- **上司や先輩の向上心**

こともあります。

そんなときこそ、現場のリーダーとして責任を持って部下や後輩に示さなければなりません。組織上では上長の考えを変えることや無視をすることはできないでしょう。しかし、しっかり向き合って現場の総意を示しながら議論をし、リーダーとしての責任は果たすべきです。

組織の構造上、上長の考えを変えるのが難しいことは部下や後輩も十分理解しています。だからこそ、諦めない姿を見せることは、若手社員への責任の持ち方、果たし方の大事な教育ともなります。

そして、最後は**上司や先輩の向上心**です。

近年、出世を望まない若手社員の増加について論じられることが多くなりましたが、私なりにこの真意を若手に探ってみたところ「自分の上司が幸せそうに見えない」という声が多く聞かれました。中には上司から「(今の立場に) なりたくてなったわけではない」という言葉を聞いたことがあるという人もいました。

将来のある若手社員に対して良い影響を与える上司や先輩としての「あり方」が、指導や教育における責任の持ち方、果たし方の根幹となります。

業務上の問題、上長への対応、向上心について若手社員の手本となる

「自己実現」だけでなく「他者実現」の喜びを教える

「仕事」は誰かのために動いて回っている

若手社員が相手の立場に立って仕事をしていくには、自ら成長していくための「自己実現」だけでなく**「他者実現」**も実践することが重要です。

「他者実現」は、若手にとってそれまでの学生時代の意識とは異なるものです。

たとえば、学生の受験、進級、就職などは、自己の目標達成、すなわち自己実現が中心です。アルバイトなどで社会との接点があったとしても、時給×時間で自分の収入を得ることが念頭にある人がほとんどでしょう。

しかし、社会人になったら収入を得たり、ステップアップを図ったりするためには、お客様や取引先、上司や先輩をはじめとした周囲の人たちからの要求や期待を満たすこと、つまり「他者実現」があってこそです。

「他者実現」は、まず業務連絡ひとつとってもそうです。

他部署の先輩があわただしくやって来て、次のような依頼をしたとします。

大変申し訳ないのですが、A社に関するデータを明日のお昼までに用意してほしいとB課長にお伝えください。お互いに月末でお忙しいとは思いますが、急に部長からいろいろと指示が出されて、うちのメンバーだけではどうしても手が足りません。何とか明日のお昼までによろしくお願いします。

これをB課長に伝達するにあたり、「部長からの指示でA社に関するデータを明日のお昼までに用意してほしいと言われました」と伝えるのが、最近の若手社員の傾向です。

□「大変申し訳ないですが」「お互いに月末で忙しいのに」という先輩の配慮

□「急に部長がいろいろと指示を出してきた」という背景
□「ほかのメンバーも手を尽くして大変そう」といった空気感

若手はこうした場の雰囲気、相手の様子、そこから読みとれる感情や思惑などがすっぽり抜け落ちて情報を伝達してしまうことがあります。

若手はＬＩＮＥなどのような文字によるコミュニケーションばかりに依存しているのか、対面での直接的な言葉のやりとりや顔色から相手の心情を察する意識が欠けているケースも少なくありません。

したがって、こうした文脈までしっかり読みとって伝えなければ、相手の要求や期待に応える仕事、すなわち「他者実現」にならないことを若手に教えていきます。そこまでやって、はじめて自己の仕事も完了（自己実現）することを丁寧に教えるのです。

売上は「お客様」の存在の総数

「他者実現」の最たるものとして、企業にとっての「お客様」の存在の重要性を若手に伝

自己実現	他者実現
学生の受験、進級、就職 アルバイト	社会人として収入を得る ステップアップを図る
自己の目標達成 時給×時間で収入を得る	**お客様、取引先、上司や先輩 周囲の要求や期待を満たす**

仕事上での他者実現の主なポイント

- **業務連絡**
- **場の雰囲気や相手の様子まで伝える**
- **お客様の存在**

えます。

どんな業種であっても、商品やサービスを買ってくださる、また利用してくださるお客様の存在によって企業は成り立っていることを若手に認識してもらいます。

法人、個人問わずお客様が満足してくれなければ、競合他社に簡単に乗り換えられて仕事とともに売上、利益も失うことになります。若手もこれが理解できれば、毎日会社に来て業務時間をすごせば、自動的に自分の給料がもらえるわけではないことがわかってくるようになります。

もちろん、「他者実現」は会社にとっての売上や利益だけが目的ではありません。それはあくまでも結果であり、前提にはお客様の満足や感じる価値があります。

そのためにも、お客様や取引先をはじめ周囲の人たちからの感謝の声を上司と部下と一緒に、１つひとつ噛みしめながら、日々の仕事の意義を共有することが大切です。

社会人は相手の要求や期待を満たすこと（他者実現）が、自己実現となることを教える

苦労を乗り越えた先に「将来の糧」になることを教える

「大変な仕事を乗り越えた先にある景色」が見えるとモチベーションが変わる

若手社員が自分の仕事に責任を持ち、自ら動き出すようになってきたら、上司はそれが継続するように指導します。ただし、若手は経験も浅いので、どうしても視野が狭くなってしまい、今現在しか目に入らなくなりがちです。

そのため、若手に今の仕事の大変さは単なる苦労ではなく、将来の糧につながることを伝えてください。**仕事を「点」ではなく時系列で「線」として結びつけること**で、彼らの頑張りや努力が将来の成長した姿に向かっていくように視点や発想が広がるようにします。

「振り返り」もその1つです。

上司や先輩は、若手社員にエンジンがかかってくるとその勢いに気をとられて、振り返りを疎かにしがちです。しかし、たとえ若手への指示や指導の量が減ってきたとしても、「できた数」を数えて成長を確認することは続けるようにしてください。

昨日と今日、先週と今週、先月と今月など時間の流れで、若手が前に進んだ変化を確認していきます。

たとえば、難しい仕事や困難な局面を乗り越えた後は、効率アップを図るためのポイント、効果的なコミュニケーションのとり方、段取りや優先順位の重要性など多くの収穫があるはずです。

そこで、難しい仕事や困難の克服による経験が、彼らの強みにつながっていることを、上司や先輩から意識して声をかけることで本人に気づかせるのです。

まずは、若手にこうした日常的な短いスパンから変化を感じさせることで、仕事は今現在を点として断片的に切り取るのではなく、時系列で線としてとらえるものだという意識づけをします。

また、今取り組んでいる仕事に対しても若手に気づきを与えてください。

とくに、若手が新しい仕事に取り組んでいるときや困難に直面して試行錯誤をしている最中が効果的です。今の大変な局面を乗り越えることができたら、何が身につくのか、その結果どんな仕事ができるようになるのかといった、その仕事で得られるものを若手に伝えてください。

□1社あるいは1人のお客様を最後まで対応できるようになる
□金額や納期について取引先と交渉できるようになる
□より大きなプロジェクトを任されるようになる

このように次のステップを具体的に見せると、若手も今の頑張りが新たな展開につながっていることをイメージできるようになります。

困難なときほど、若手社員のリアルタイムの奮闘に、「頑張れ!」と鼓舞してばかりになりがちな上司や先輩が多くいます。そのとき、若手に次なる展開を意識させることでより効果的な後押しとなります。それが、彼らの視野を広げることにもつながります。

「将来の自分」がイメージできると、明日の原動力となる

苦労を乗り越えた先にあることとして、若手には社会人として成長していく将来像をイメージしてもらうのが最も重要です。

1つひとつの仕事と向き合い、大変さを乗り越えていくことで得られるものと同時に、大変さを避けていくとどうなるのかも、年長者として大人たちのリアルを包み隠さずに伝えてください。

□「他者実現」を図るために新たな仕事に挑戦し続けることは多くの大変さを伴う
□その仕事の責任を果たすことでしか得られないものがある
□5年後、10年後、20年後、その向き合った仕事の数と深さが自分の糧になる

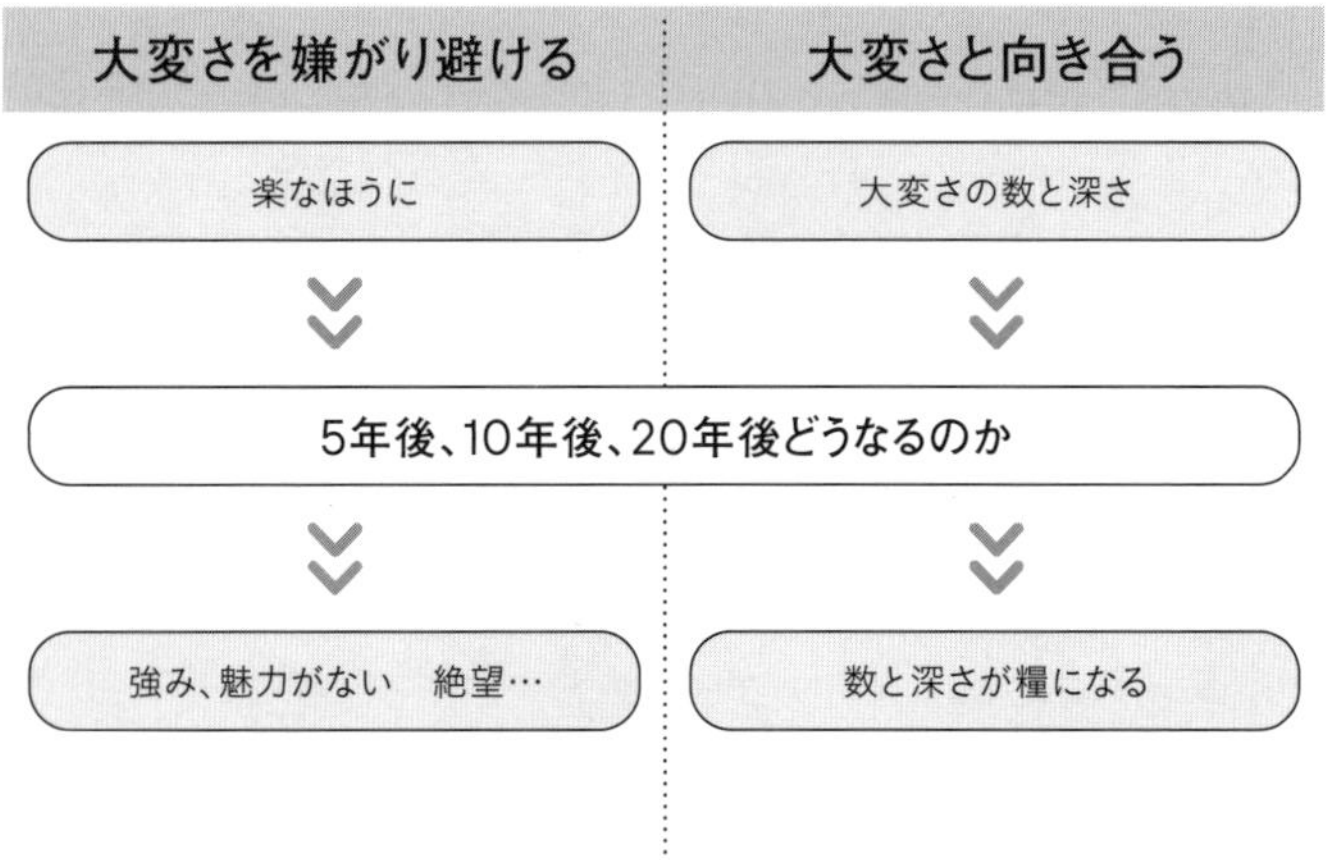
大変さを嫌がり避ける
大変さと向き合う
楽なほうに
大変さの数と深さ
5年後、10年後、20年後どうなるのか
強み、魅力がない　絶望…
数と深さが糧になる

年長者として大人たちのリアルを包み隠さず伝える

キャリアという長いスパンで仕事人生をとらえる視点を養うのは、今現在だけを切り取りがちな若手にとても大切なことです。

逆に、楽なほうにと大変さを嫌がり、大変さを避けて生きてしまった大人も世の中には決して少なくありません。

5年後、10年後、20年後に自分を見つめてみたとき、何の強みも魅力もないことに絶望するというのも社会の現実です。

私は若手社員育成の研修で、次のような話もします。たとえば、困難を乗り越えて成功させた仕事、最初はお客様の厳しいクレームから信頼を得るための道のり、泥くさい仕事をコツコツと積み重ねていった結果、重要なポジションを任されたプロジェクト、一方、その逆の例など仕事人生のリアルを若手社員に伝えると、「今まで感じてきた仕事の大変さの受けとめ方が大きく変わりました」という声が返ってきます。

こうした仕事人生のリアルも包み隠さずに伝えることも、上司や先輩の重要な役割です。

仕事人生のリアルを包み隠さずに伝えることで若手の視点や発想を広げる

「正解がない仕事」が存在することも教える

すぐに答えが見つからない仕事もある

若手社員も仕事の「できた」数を積み上げてくると、それなりの自信がついてくるはずです。また、仕事の「やり方」とともに「考え方」も身につき、自ら動けるようになっていきます。

そのようななか、自律的に動くには「正解がない仕事」も存在することを教える必要があります。これは決して「わけがわからない仕事もある」ということではありません。**答えが1つではなく、すぐに答えが見つかるわけでもなく、案件やお客様ごとに最適解が異なる仕事もたくさんある、**ということです。

「正解がない仕事」の3つのポイント

「正解がない仕事」に対する、具体的なポイントは3つあります。

まず1つ目は**「人間の理解」**です。

上司や先輩のように現場でどんなに多くの経験を積んでいても、人間ほどつかみどころのないものはありません。

とくにお客様や取引先の担当者の中には、自分が正しいと思うことを一生懸命行ったにもかかわらず、その通りに受け入れない人、あるいは真逆の解釈をする人もいます。

私もこの課題には常に直面しています。おかげさまで私の企業研修の内容や進め方をとても気に入っていただき、「また次回もお願いします」と何年もリピートのご依頼をいただく企業があります。その一方で「若手には厳しくしたほうがいいため、方針が合わない」という理由から一度きりで断られた経験もあります。また、研修の担当者が替わったとたん「この内容は当社に合わない」と言って打ち切られたこともあります。

若手社員への研修でも、このような体験談を紹介しながら、「人間の理解」はじつに多様でつかみどころがないことを話すと、多くの若手社員は深くうなずきながら身を乗り出して聴いています。

ぜひみなさんも過去の経験とともに、「人間の理解」は終わりのないテーマであることを彼らに伝えてください。そうすれば、自分の頑張りがその通りに理解されなくても折れない心の準備ができます。


2つ目は**「チャレンジすることの大切さ」**です。

最初は失敗を恐れてばかりの若手社員ですが、上司や先輩の後押しを受けてさまざまな仕事に挑戦するようになってくるはずです。

だからこそ失敗はつきものであり、まったく失敗のない100点満点の人はいないことも教えてください。

失敗しようとして失敗する人はおらず、細心の注意を払っていても失敗することもあります。

とくに、若手がひと通りの仕事を覚えて経験値が上がり、積極的に取り組むことが楽しくなってきたときこそ、不意に失敗は訪れてくるものです。すると、最近の若手社員は「自分はこの仕事に向いていない……」などと短絡的に考えてしまいがちです。

そのとき、**若手にチャレンジしたからこそ得られる経験があることを教えてください。**このことは、事前に教えるよりも、彼らが失敗したときに言葉を添えてあげるほうが本人の納得感につながります。そして、その失敗と正面から向き合って、自責の精神で回復に努めることも伝えてください。

失敗が起きることへの恐怖心よりも、チャレンジした者にしか見られない景色があるという気持ちが勝ると、若手もより積極的に仕事に取り組むようになるはずです。

3つ目は**「自分軸での仕事の充実感」**です。

「何のために仕事で成果を上げるのか」「何のために挑戦をして失敗を乗り越えていくのか」、これらこそ仕事をしていくうえでの原動力となります。

しかし、最近の若手社員は、SNSや友だちの影響によって、仕事に対する自分の軸が翻弄されやすくなっています。仕事の難易度、職場環境、人間関係、残業などの勤務状況、そして給料などあらゆることを他人と比較して、自分のプラス要素よりもマイナス要素に意識が向きがちです。

つい先日まで前向きに頑張っていたはずなのに、何の前触れもなく「辞めます」のひと言で突然職場を去っていく若手社員が多いのもこれが原因です。

そこで、彼らには他人との比較では自分にとって仕事の充実感を見出すことができないこと、仕事の充実感は自分の力で生み出していくしかないことを教えます。そして、仕事の充実感はステージとともに常に変化することも伝えてください。

「人間の理解」「チャレンジすることの大切さ」
「自分軸での仕事の充実感」は正解がないことが正解である

教えるだけでなく、若手から教わる機会も持つ

若手が教えることで双方向のコミュニケーションのきっかけとなる

若手社員が一人前に育つためには、仕事の「やり方」から「考え方」まで基本となる型を教えなければなりません。かつて上司や先輩の世代がそうだったように、社会の常識から会社の業務までゼロから身につけるには指導と実践の繰り返しです。

そのようななか、上司や先輩は自らの伝えたい思いが先行してか、一方通行のコミュニケーションに陥ってしまいがちです。

質問や相談が少ない最近の若手社員の傾向もあって、双方向のやりとりがないままだと

円滑なチームワークは醸成されていきません。

双方向のコミュニケーションのきっかけづくりとして、一方的に若手社員に教えるだけでなく、彼らから教わる機会も持つようにしてみてください。上司や先輩から「わからない」「困った」という言葉とともに若手に質問や相談を投げかけるのです。

それによって、上の人でも言うのだから、自分たちに「わからない」「困った」があってもおかしくないという心理が働き、若手社員の質問や相談に対するハードルが下がってくるという効果があります。

また若手は、上司や先輩に教えることで「力になれた」「頼ってもらえた」という思いも生まれ、両者の距離が一気に縮まるというメリットもあります。

若手に教わる機会は、たまたまそのタイミングを待つというのではなく、上司や先輩が意識的につくり出すようにします。

教わる内容の代表例としては、ネットやスマホ、ＳＮＳの使い方が挙げられます。やはりＩＴに関することは若者のほうが圧倒的に詳しいでしょう。

そのとき、「これのどこが面白いんだ？」「全然理解できない」などとネガティブな感想を漏らさないようにくれぐれも注意してください。「へえ、そんなのがあるんだ！　勉強になるなあ」「面白そうだね！」などと必ず肯定と承認のポジティブな言葉を返すようにしましょう。

理解ができるかできないか、好きか嫌いかが問題ではなく、あくまで若手社員から教えてもらう機会を持つことが目的であることを忘れずに。

また、若手に教わり、かつ仕事につながる話題としては、若手が担当している取引先の現状もその1つです。

たとえば、以前は上司や先輩が担当していた取引先を、今は若手社員が担当しているというケースもあるかもしれません。その場合、最近の取引先の社内の雰囲気はどんな感じなのかを質問して、彼らに教えてもらうことができます。あるいは最近めっきり会わなくなった担当者の様子を教えてもらうこともできるでしょう。

そこで「あの会社はこうだ」「あの人はこんなタイプだ」と自分のほうがよく知っているぞ感を出そうとする上司や先輩がいますが、自分が上位に立つことが目的ではありませんので注意してください。

「へえー今はそんな感じなんですね！」
「また何かあったら教えてください！」

このような上司や先輩のリアクションによって、若手も自分が役に立っていることを実感できるでしょう。

「自分が貢献できた実感」はチームへの帰属意識につながる

若手社員に「教えてもらう」から一歩進めて、「助けてもらう」機会をつくり出すのも効果的です。上司や先輩の「困った」をよりストレートに開示することによって、彼らは「力になれた」「頼ってもらえた」という気持ちをより強く感じられます。

たとえば、期限までに仕事が間に合いそうにないとき、分量が多くて人手が足りないとき、率直に「困った」状態にあることを若手に開示してください。すると、同じチームのメンバー同士として、困ったときは遠慮なく言って良いのだという認識が生まれます。

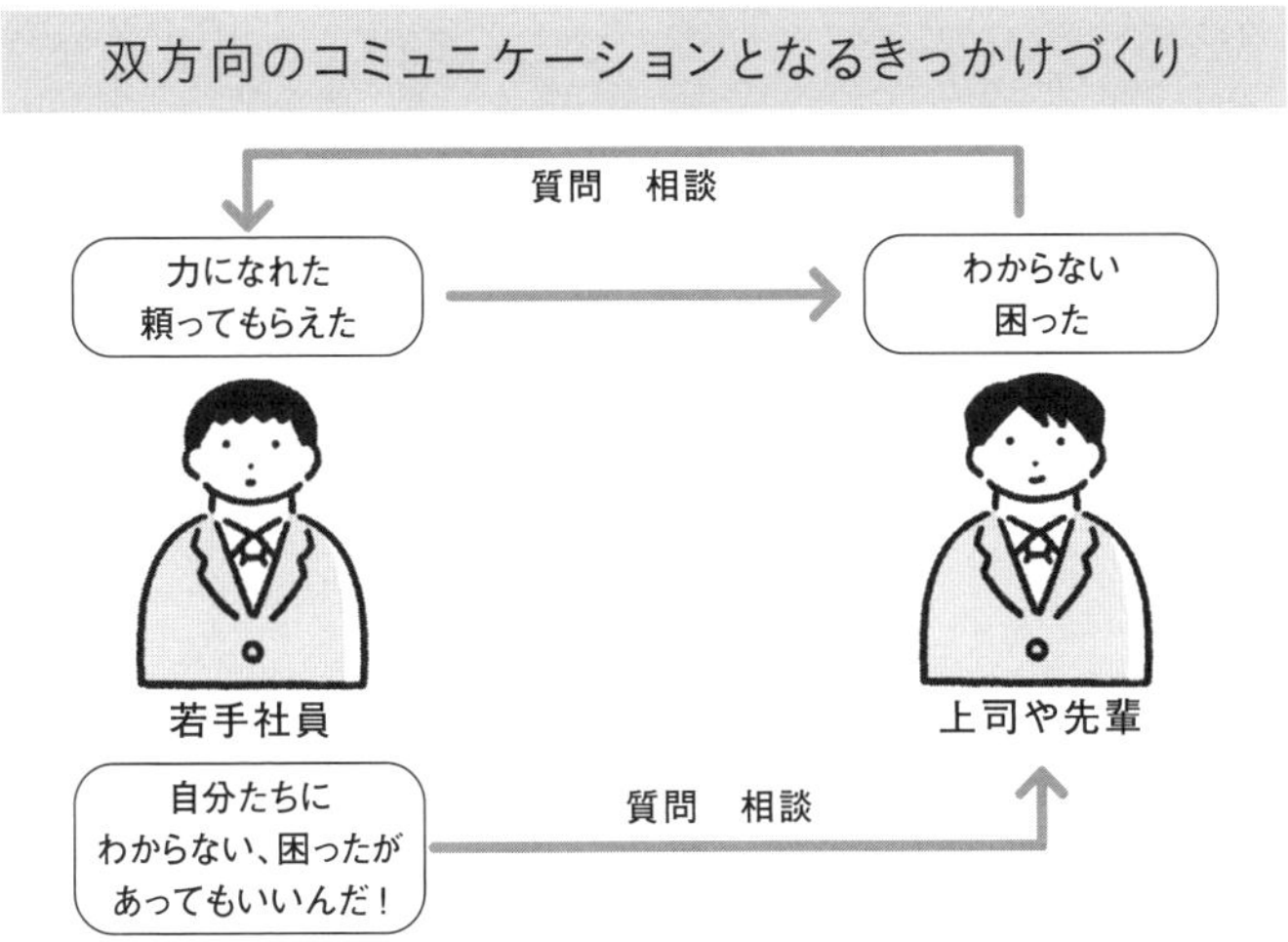
双方向のコミュニケーションとなるきっかけづくり
質問　相談
力になれた
頼ってもらえた
わからない
困った
若手社員
上司や先輩
自分たちに
わからない、困ったが
あってもいいんだ！
質問　相談

「ちょっと助けてくれないですか」
「力を貸してもらえないでしょうか」

若手にこうしたサポートを求める言葉で率直に相談します。

若手社員なので頼める仕事の範囲は限定的になるかもしれません。しかし、パソコンを使った入力作業などは、ちょっとやり方を教えれば若いだけに呑み込みが早く、あっという間に終わらせてしまうこともよくあります。何を任せて良い結果にどう結びつけていくかも上司や先輩の工夫のしどころです。

くれぐれも「上の仕事を下が手伝うのは当

然」という古い考えは捨ててください。困ったときは、伝えて、頼って、任せて、感謝する。その結果、「困ったときはお互いさま」「持ちつ持たれつ」というチームワークの基本を若手社員に教えることにつながるのです。

「わからない」「困った」と率直に質問や相談をしやすくすると、若手のチームへの意識が高まる

「肯定」と「承認」は本来あるべき指導

「肯定」と「承認」によってメッセージの伝わり方が変わる

上司や先輩のみなさん、今までの古臭い教育指導ではダメです。時代の変化とともに若手社員の価値観や言動も大きく変わっているので、みなさんも変わらないと今の時代にはまったく通用しません。ここまで紹介してきたポイントを確実に実行しないと、みなさんの熱意など若手社員にはまったく伝わりません。よく肝に銘じて徹底するように。

上司や先輩のみなさん、日々の若手社員への教育指導、お疲れ様です。時代の変化とともに彼らの価値観や言動も大きく変わり、試行錯誤を繰り返しながら適応していくための努力をされていることと思います。ここまでご紹介してきたポイントを取り入れていただきますと、みなさんの熱意がより効果的に若手社員に伝わるはずですので、ぜひ参考にしてみてください。

この2つの言い回しを聞いてどのように感じるでしょうか。

両方とも趣旨は同じですが、前者の否定的な言い方と、後者の肯定し承認する言い方とでは、次のアクションに向けてのモチベーションが大きく異なってくるはずです。

同じように、上司や先輩の言い方ひとつで、若手社員のやる気は大きく変わります。

「昔のやり方じゃ今は通用しないんだよな」

「難しいやっかいな時代になったもんだ」

昨今の時代の変化に対して、このような言葉を聞くことも多いですが、通用しないから変えなければならないのではありません。難しいことでもやっかいなことでもありません。

人を育てるというのは、目的に向かって導くことであり、望ましい姿に変わっていくことであり、肯定と承認によってポジティブに指導することは本来あるべき姿なのです。

今の時代の上司や先輩は、この点を自然に受け入れて日々の仕事のなかで実践していってください。

「若さ」はマイナスのことばかりではない

まず「若さ」を肯定することが大切です。

私は、若手社員に対して「若いだけで勝ち組」という言葉をよく投げかけます。

若手は年長者に比べて体力もあり、記憶力もよく、疲労の回復も早いです。この先やろうと思えば何でもできる可能性があり、そのための時間も十分にあってうらやましいかぎりです。また、チームにとって、若手の存在は活気をもたらしてくれます。

若手は知識、技術、経験はまだまだ足りないかもしれませんが、そんなことはいつの時代も同じです。上司や先輩は「今の自分たちができていること」で考えてしまいやすく、若さが頼りなく思えて否定から入ってしまいがちです。しかし、「昔のできなかった自分」を思い起こしてみれば、若い力を肯定的にとらえられるでしょう。

「ルール違反」と「至らない点」は別物

若手を肯定的にとらえるためにも、「ルール違反」と「至らない点」を分けて考えるようにしてください。

まず「ルール違反」は見逃すわけにはいきません。チームのルール、会社のルール、ビジネスのルール、社会のルールとさまざまな決まりごとがありますが、これを逸脱した場合は、年長者がしっかり指摘して正します。

就業規則や業務マニュアルなど明文化されているルールもあれば、商慣習や一般常識のような暗黙の了解のうえに成り立つ社会的なルールもあります。若手社員の場合は、とくに後者の理解が足りない傾向がありますから、もし間違いがあれば丁寧に指導をしていく必要があります。

その一方で「ルール違反」ではない、知識や技術、経験不足からくる「至らない点」については見守ってください。

たとえば、単純なシステムの入力に想定以上の時間を要する、資料づくりを何度もやり直している、報告書の文章がわかりづらく要点が絞り切れていないなどです。

ここで上司や先輩が今の自分たちのレベルと比較しようとすると、ダメ出しをしたくなって否定の言葉が出きてしまいます。しかし、自分たちもそうであったように、若いときはそんなもんだと割り切ることができれば、若さゆえの「至らない点」も肯定することができます。そして、いよいよ期限が迫ってきてルール違反に陥りそうになったら、上司や先輩はサポートする。それこそが、上司や先輩の仕事です。

若手社員を「肯定」と「承認」によって育て、伸ばすことは、人の良い点を見つける習慣にもなり、上司や先輩自身の成長にもつながっていくのです。

「ルール違反」と「至らない点」を分けて考えることで若さを肯定する

おわりに

ここまで本書をお読みいただき、ありがとうございました。

上司や先輩のみなさんに向けて、若手社員と良好な関係性を築くためのさまざまなポイントを紹介してきました。いかがでしたでしょうか。

ぜひ柔軟な発想と心を持って変化を受け入れることで、若手社員の育成に際してみなさん自身の「できた」数が多くなることを願ってやみません。


本書をまとめるにあたり、そのきっかけと多くの情報を与えてくれた若者に心から感謝したいと思います。どうもありがとうございました。

私の研修や講演、セミナーで出会った若手社員のみなさん、積極的に取り組んでいただき、ありがとうございます。研修やワークショップを通じて、みなさんが上司や先輩に対する思い、仕事上の悩みや不安などを率直に伝えてくださったおかげで、今何が求められているのかを明確につかむことができました。何千人、何万人のアンケートのデータ以上に1人ひとりと向き合い、生の声を直接聞けたことは大変貴重な機会となっています。

また、私との二人三脚で総合型選抜ＡＯ入試に取り組んでくれた塾生のみなさん、大学生活を満喫して社会人として活躍していることと思います。みなさんの頑張りを通じて、今の若者は昔とどう変わったのか、そしてどのように導いていけば良い結果につながるのかを理解できました。

そして私自身、年代を越えて、固定観念を捨てて、若い世代の人たちとのコミュニケーションを通して日々学んでいます。50代に入って体力も視力も衰える一方ですが、気持ちだけは若いままでいられるのは、そのおかげです。これからも多くの会社で充実した職場環境と良好な人間関係が築かれるよう努力を続けたいと思います。

本書をお読みくださった読者のみなさまにも、ぜひその楽しさを共有することができましたらうれしく思います。

伊藤誠一郎

伊藤誠一郎（いとう　せいいちろう）
若手社員育成専門コンサルタント。若手社員育成研究所代表。株式会社ナレッジステーション代表取締役。総合型選抜指導塾リコット代表。1971年東京都生まれ。学習院大学法学部法学科卒業後、15年間にわたり医療情報システム、医療コンサルティング分野において提案営業、プロジェクトマネジメントの業務に従事。2009年に独立し、プレゼンテーション、提案力向上をテーマに講師活動を開始。その後、ロジカルシンキング、職場コミュニケーション、組織マネジメントなどテーマを広げ、新入社員から中堅社員、管理職まで延べ300社、2万人以上に研修、講演、セミナーを実施。2012年に総合型選抜指導塾リコットを設立し、高校３年生を対象に志望理由書の書き方、プレゼン発表、面接、小論文のマンツーマン指導を開始。講師自ら正解の一部を提示しながら徹底的に肯定と承認を繰り返す独自の指導法で合格率93%を達成。現在は、多くの若者と接する二刀流講師としての経験を活かして管理職向けに若手社員への接し方や教え方のカリキュラムを確立し、安心安全な上司と部下の関係づくりに尽力している。受講者からは「想定外の気づきの連続だった」「脱・昭和の指導の必要性を強く感じた」「今までの言動を根本からあらためなければいけない」といった声が多く寄せられている。

若手社員育成研究所
wakate-ikusei.com

部下《ぶか》に「困《こま》ったら何《なん》でも言《い》ってね」はNGです

2023年10月20日　初版発行
2024年６月１日　第２刷発行

著　者　伊藤誠一郎
発行者　杉本淳一

発行所　株式会社日本実業出版社　東京都新宿区市谷本村町３−29 〒162-0845
編集部　☎03-3268-5651
営業部　☎03-3268-5161　振　替　00170-1-25349
https://www.njg.co.jp/

印刷／壮光舎　製本／若林製本

ISBN 978-4-534-06046-4　Printed in JAPAN